ol

SV

Hans-Ulrich Treichel
Menschenflug

Roman

Suhrkamp

Druck: Ebner & Spiegel, Ulm
Printed in Germany
Erste Auflage 2005
ISBN 3-518-41712-6

1 2 3 4 5 6 – 10 09 08 07 06 05

Menschenflug

I

Als er den handgeschriebenen Lebenslauf, der dem getippten Durchschlag eines Antrags auf Lastenausgleich beigeheftet war, vor sich auf den Schreibtisch legte, ging über Berlin und vor allem über Steglitz ein Gewitterregen nieder, der so stark war, daß er um die Fensterscheiben seiner Dachgeschoßwohnung fürchtete. Während er las, daß sein Vater 1909 in einem Ort mit dem zungenbrecherischen Namen Bryszcze im Kreis Luzk in Wolhynien geboren worden war und dort bis 1939 auf dem elterlichen Bauernhof gearbeitet hatte, bevor er im Sommer 1940 am Frankreichfeldzug und im Sommer 1941 am Rußlandfeldzug teilnahm, wo er verwundet und nach der Amputation seines rechten Armes als dienstunfähig entlassen wurde, hätte er gern das Fenster geöffnet und die Regenluft ins Zimmer gelassen. Doch sobald er die oberen Lüftungsschlitze des Kippfensters auch nur ein wenig herunterklappte, sprühte Regenwasser herein, sprühte auf den Schreibtisch, den Monitor, die Tastatur und auch auf das vergilbte Blatt mit den Lebensdaten, die er jetzt, vierzig Jahre nach dem Tod seines Vaters, zum erstenmal zur Kenntnis nahm.

Er versuchte, den Lebenslauf mit einem Taschentuch zu trocknen, wobei die Schrift, die ohnehin schon blaß und schwer leserlich war, verwischte, so daß er sie zwar nicht gänzlich, aber teilweise unleserlich machte. Besonders die ersten Zeilen mit dem Geburtsdatum 1. Dezember 1909 sowie dem Geburtsort Bryszcze oder Bryschtsche waren so sehr verwischt, daß sie für jemand anderen nicht mehr zu entziffern gewesen wären. Er legte das Blatt außerhalb der Reichweite des Fensters auf ein Regal, um es dort trocknen zu lassen, schließlich war es das einzige handschriftliche Dokument, das er von seinem Vater besaß, und nun hatte er es, nachdem er sich jahrelang dafür überhaupt nicht interessiert hatte, wann und wo sein Vater geboren war und unter welchen Umständen er die ersten Lebensjahrzehnte verbracht hatte, nahezu unbrauchbar gemacht.

Erst seit einiger Zeit und seit er selbst beinahe das Alter erreicht hatte, in dem sein Vater gestorben war, hatte Stephan den Wunsch verspürt, sich mit den in einer Schublade zwischen allen möglichen anderen Unterlagen aufbewahrten Papieren genauer zu beschäftigen. Doch immer, wenn er die Papiere auf den Tisch gelegt hatte und sie betrachten wollte, hatte sein Wunsch sich in Unmut und manchmal auch Zorn verwandelt, so daß er die wenigen persönlichen Zeugnisse, die ihm von seinem Vater geblieben waren, am liebsten in den Papierkorb geworfen hätte. Was scherte ihn die Vergangenheit? Was ging ihn das Leben seiner Eltern an? fragte er sich dann, hielt sich aber zurück und warf die Papiere nicht fort, sondern legte sie wieder in die Schublade. Wenn die Eltern es vorgezogen hatten, ihre Lebensgeschichten für sich zu behalten und mit ins Grab zu nehmen, statt sie ihm zu erzählen und ihn daran teilhaben zu lassen, dann hatte er auch das Recht, sich nicht noch nachträglich dafür interessieren zu müssen.

Stephan wußte natürlich, daß er sich genausogut hätte fragen können, was ihn eigentlich sein eigenes Leben anging. Und manchmal fragte er sich das auch und versuchte sich die Frage mit einem trotzigen »So wenig wie möglich« zu beantworten. Er hatte sich immer bemüht, sich nicht allzu wichtig zu nehmen. Sich wichtig zu nehmen war ungesund – und manchmal tat es auch weh. Und sentimental wollte er ebenfalls nicht sein. Und schon gar nicht wollte er sich sich selbst gegenüber wie ein Musterschüler verhalten und nach solchen Lebensweisheiten wie *Wer keine Herkunft hat, hat keine Zukunft* richten, die er in letzter Zeit des öfteren gehört oder gelesen hatte.

Aber zugleich mußte er zugeben, daß sich, seit er fünfzig geworden war und beinahe das Lebensalter seines Vaters erreicht hatte und trotz seiner sozusagen heldenhaften Vorsätze, sich so wenig wie möglich von der Vergangenheit behelligen zu lassen, immer öfter eine Sehnsucht nach alten Papieren seiner bemächtigte. Eine Art Dachbodensehnsucht überkam ihn dann, ein Verlangen nach alten Truhen, vergilbten Briefen und Fotoalben. Doch es gab keinen Dachboden, keine alten Truhen und auch keine vergilbten Briefe und Foto-

9

alben. Neben dem Durchschlag des maschinengeschriebenen und von der Schreibmaschine stellenweise perforierten Antrags auf Lastenausgleich war das einzige ältere Zeugnis, das ihm von seinen Eltern geblieben war, der handgeschriebene und nun zum Teil unleserlich gewordene väterliche Lebenslauf. Außerdem besaß er noch einen Ring mit einem schwarzen Stein und Perlmuttmanschettenknöpfe des Vaters sowie zwei Fotos aus den dreißiger beziehungsweise frühen vierziger Jahren. Das eine zeigte den Vater mit Hut und Mantel am Steuer eines Automobils. Das andere, ein Atelierfoto, zeigte ihn zusammen mit der Mutter. Der Vater trug Uniform, die Mutter ein elegantes Kostüm. Sie war jung und von einer verwirrenden Schönheit, der Vater schlank, ein wenig melancholisch und noch im Besitz des rechten Arms.

Stephan verwahrte den Ring und die Manschettenknöpfe in einem weißen Blechbehälter, der im Regal neben den Büchern stand. In dem Behälter hatte er all das gesammelt, was sich nicht in Ordnern abheften, in Mappen aufbewahren oder in Fotoalben einkleben ließ. Außer dem Ring und den Manschettenknöpfen befanden sich in dem Behälter noch drei in Watte verpackte Glasbonbons von der Insel Murano, ein lederner Geldbeutel zum Umhängen, ein Fahrradrücklicht, zwei Kopfhörer, eine Gürtelschnalle mit der Aufschrift *Route 66* sowie ein Golfball und eine Plastiktüte mit graffitibemalten Bruchstücken der Berliner Mauer, die er unmittelbar nach der Wende von einem Händler ge kauft hatte. Er hatte sich nicht getraut, selbst ein paar Stücke aus der Mauer herauszuhauen, außerdem waren die besten Stellen von den sogenannten Mauerspechten umlagert gewesen, so daß er es vorgezogen hatte, sich eine Tüte blau und gelb besprayter Mauersteine bei einem der fliegenden Händler zu kaufen. Ein Etikett auf der Rückseite hatte ihm die Echtheit der Steine bestätigt, wobei der Verkäufer auf die Frage, ob er denn auch die Echtheit des Etiketts bestätigen könne, nur mit den Schultern gezuckt und gesagt hatte, er könne ihm, wenn ihm das lieber sei, auch bestätigen, daß es sich bei den Steinen um Bruchstücke aus der Chinesischen Mauer handle. Stephan hatte die Tüte trotzdem gekauft, denn gefälschte Mauersteine waren ihm, wenn sie denn gefälscht waren, als eine ebenso wahrhafte Erinnerung an die Tage des Mauerfalls erschienen wie echte.

Den Golfball hatte er auf der Insel Martha's Vineyard gefunden, und zwar an genau dem Strand, an dem auch einige Szenen des Films *Der Weiße Hai* gedreht worden waren, was ihm ein bärtiger Busfahrer erzählt hatte, der zugleich von sich behauptete, ein Cousin des Musikers James Taylor zu sein, der ebenfalls auf Martha's Vineyard wohne. Neben den Manschettenknöpfen und dem Ring seines Vaters war der lederne Geldbeutel das im Grunde älteste Erinnerungsstück, das er besaß. Er stammte aus der Zeit der ersten Tramptouren und sommerlichen Bahnreisen, die er als Halbwüchsiger unternommen hatte, und stimmte ihn, wie alle Dinge in dem Behälter, seit einiger Zeit auf eine geradezu beschämende Weise wehmütig.

Dabei hätte er viel mehr Grund gehabt, wegen jener Dinge wehmütig zu werden, die nicht in dem Behälter waren. In dem Behälter waren zum Beispiel keine Stofftiere, die er aus der Kindheit herübergerettet hatte. Keine abgewetzten Teddybären, schmuddeligen Hunde, fleckigen Kaninchen. Er hatte nicht nur keine Stofftiere aus der Kindheit herübergerettet, er hatte auch keine Stofftiere in der Kindheit gehabt, was durchaus ein Anlaß zu nachträglichem Selbstmitleid gewesen wäre. Doch er wollte nicht selbstmitleidig sein. Was kümmerten ihn seine Stofftiere, die er nicht gehabt hatte. Diesen Kummer hatte er hinter sich. Wenn überhaupt. Vielleicht hatte er ihn auch nie gehabt. Bedrückt und sogar ein wenig panisch wurde er allerdings, wenn er daran dachte, daß er in wenigen Tagen seinen zweiundfünfzigsten Geburtstag feierte und daß sein Vater im Alter von vierundfünfzig gestorben war. Ihn verfolgte der Gedanke, daß er nicht älter als sein Vater werden würde. Daß er, aus welchen Gründen auch immer, kein Recht dazu hatte.
Wobei für den elfjährigen Knaben, der Stephan damals war, mit dem Vater nicht ein ihm nahestehender Mensch gestorben war, sondern ein fremder und ferner, aus einer anderen Welt stammender Mensch, mit seltsamen Gewohnheiten, einem merkwürdigen Humor, verstörenden Erziehungsmethoden sowie einer

Armprothese. Zu den Gewohnheiten seines Vaters zählte beispielsweise, daß er die Buttermilch nicht aus dem Glas oder der Tasse, sondern direkt aus der Fünf-Liter-Blechkanne trank, was für einen Einarmigen einen ziemlichen Kraftaufwand bedeutete. Der Humor seines Vaters bestand unter anderem darin, daß er den Hund, dem sich Stephan oft näher als allen Familienmitgliedern fühlte, zumeist mit *Mistvieh* anredete und ihm, sobald er seinen Weg kreuzte, einen Tritt versetzte. Das war ein Spaß nach seines Vaters Herzen. Zu den merkwürdigen Eigenarten seines Vaters zählte auch die Armprothese. Daß die Armprothese kein Spaß nach seines Vaters Herzen und nicht eigens dazu da war, um Kinder und Hunde zu erschrecken, hatte er erst später begriffen. Aus dem Lebenslauf erfuhr er nun, daß sein Vater seinen rechten Arm am 5. September 1941 verloren und dafür drei Monate später das Verwundetenabzeichen in Silber erhalten hatte.

Nicht alle Daten in dem Lebenslauf, der bis in das Jahr 1945 reichte, waren für Stephan verständlich. Zum Beispiel die Eintragung: »1932/1933: kein Stimmrecht bei Reichstagswahlen«. Hatte man, wenn man in Bryschtsche geboren beziehungsweise Anfang der dreißiger Jahre in einem Ort namens Preußisch-Holland als Handlungsreisender tätig war, kein Stimmrecht bei den Reichstagswahlen? Und warum mußte sein Vater 1935 eingebürgert beziehungsweise »naturalisiert« werden? Und wohinein mußte er eingebürgert werden? Wo lag überhaupt Luzk, von Bryschtsche gar nicht zu reden?

Auch verstand er nicht, wieso sein Vater als Landwirt in Rakowiec 1944 aus einem Ort namens Mogilno geflohen war. Konnte es einen Ortsnamen wie Mogilno überhaupt in Polen geben? Klang Mogilno nicht wie eine Nachbarinsel von Murano? Wo Luzk lag, wußte er inzwischen. Er hatte im Atlas nachgesehen, im Schulatlas seiner Frau, den Helen wiederum seit 1966 besaß, wie er einer Eintragung auf dem Vorsatzblatt entnommen hatte. In diesem Atlas hatte er auf einer Karte, die mit *Westliches Rußland* überschrieben war, gesehen, daß Luzk südlich von Weißrußland, östlich von Polen und in der heutigen Ukraine lag. Nicht weit entfernt von den Rokitno-Sümpfen und ganz in der Nähe eines Orts namens Rozyszcze oder Roshischtsche. Wenn ihm zum Scherzen gewesen wäre, dann hätte er gesagt: Wo Rozyszcze ist, kann Bryszcze nicht weit sein. Aber ihm war nicht zum Scherzen gewesen. Namen wie Rozyszcze oder Bryszcze stimmten ihn eher traurig. Landkarten, die mit *Westliches Rußland* überschrieben waren, ebenfalls.

Es war im übrigen ganz einfach gewesen, Luzk zu finden. Der Ort war im Register des Atlas aufgeführt. Er hätte auch schon vor vierzig Jahren im Atlas nachschauen können. Eine Angelegenheit von zwei Minuten. Eine Angelegenheit von zwei Minuten, zu der er vierzig Jahre nicht imstande gewesen war. Er hätte auch vor vierzig Jahren schon wissen können, daß sein Vater von dieser Welt gewesen war. Daß er in einem Ort geboren wurde, den man auf der Landkarte finden konnte. Aber er hatte es nicht gewußt. Und es hatte ihn nicht gekümmert. Er hatte auch nicht gewußt, daß sein Vater eine Kindheit gehabt hatte. Seiner Erfahrung nach konnte ein Mensch wie sein Vater keine Kindheit gehabt haben. So ein riesiger kriegsversehrter Mensch mit Hut und Mantel, mit Armprothese und Lederhandschuh und diesem hundetretenden Humor konnte auf keinen Fall ein Kind gewesen sein. Stephan hatte sich allenfalls vorstellen können, daß sein Vater eine Steinskulptur auf den Osterinseln gewesen war, bevor ein Gewitter oder ein Erdbeben ihn aus seiner Starre gerüttelt und zu den Menschen geschickt hatte.

Wo Bryschtsche lag, hatte er später mit Hilfe eines vermeintlichen Onkels und Familienforschers herausgefunden. Weiterhin rätselhaft aber blieb die Tatsache, daß sein Vater laut Lebenslauf »mit drei Flüchtlingskindern« aus Polen geflohen sein soll. Was waren das für Kinder? Und wo sind sie geblieben? Die Eintragung machte einen gespenstischen Eindruck auf ihn, denn er hatte noch zwei weitere Geschwister, Gerda und Waltraut, und ihm war, als seien er und seine beiden zwei und vier Jahre älteren Schwestern die Wiedergänger dieser drei Flüchtlingskinder. Er wußte nur, daß sein Vater und seine Mutter ihr damals einziges Kind, einen sechzehn Monate alten Jungen, auf der Flucht zurücklassen mußten. Stephan hatte darüber vor längerer Zeit ein Buch geschrieben. Keinen Tatsachenbericht, sondern eine Erzählung, in der einiges authentisch und anderes erfunden war, wobei auch das Erfundene mit der Zeit für ihn insofern immer authentischer geworden war, als das Buch sich immer mehr in sein Leben hineingedrängt hatte.

Dabei hatte er das Buch vor allem geschrieben, um etwas loszuwerden. Er wollte die Verstörung loswerden, die sich aus der Tatsache ergeben hatte, daß seine Eltern ihm den Verlust des Bruders sowie ihre Suche nach ihm zeitlebens verschwiegen und den Bruder statt dessen für tot erklärt hatten: verhungert. Auf der Flucht verhungert. Sie hatten den Bruder erst Ende der fünfziger Jahre vom Suchdienst des Roten Kreuzes suchen lassen. Warum erst Ende der fünfziger Jahre? Warum nicht 1945, als sein Vater in das Auffanglager Angermünde gekommen war, um später nach Prora auf Rügen verlegt zu werden? Oder 1946, als ihm mit dem Protokollzusatz »Keine mitgebrachte Habe« der Ort in Norddeutschland zugewiesen wurde, in dem Stephan zur Welt kommen sollte?

Stephan wußte es nicht. Vielleicht konnte man damals keine Kinder suchen lassen. Schon gar nicht von Angermünde oder Prora aus. Und er hatte lange auch nicht gewußt, daß seine Eltern irgendwann Ende der fünfziger Jahre auf ein Findelkind aufmerksam geworden waren, das in den Akten keinen Namen, sondern nur die Nummer 2307 trug und von dem sie überzeugt waren, daß es sich um ihren leiblichen Sohn handelte. Allerdings war es ihnen trotz zahlreicher anthropologischer und erbbiologischer Gutachten

nicht gelungen, den eindeutigen Nachweis einer leiblichen Verwandtschaft mit dem Findelkind 2307 zu er-
bringen. Sie hatten dem Kind trotzdem noch jahrelang
Weihnachtspäckchen ins Kinderheim geschickt. Sie
wollten dem Kind auch Geburtstagspäckchen ins Kinderheim schicken, doch niemand dort wußte, wann
das Kind Geburtstag hatte. Es war auf der Flucht verlorengegangen und hatte keine Papiere bei sich gehabt. Stephans Eltern glaubten natürlich zu wissen,
wann der Geburtstag des Findelkindes war. Wenn sein
Bruder und das Findelkind 2307 identisch waren,
dann war das Findelkind am 24. September 1943 geboren worden. Und darum hatten seine Eltern bei der
Leitung des Kinderheims beantragt, dem Kind nicht
nur zu Weihnachten, sondern auch an jedem 24. September ein Päckchen schicken zu dürfen, was ihnen allerdings nicht gestattet wurde. Das wußte er aus Unterlagen, die er im Nachlaß seiner 1991 verstorbenen
Mutter gefunden hatte. In gewisser Weise wußte Stephan alles nur aus Unterlagen, die er im Nachlaß seiner
Mutter gefunden hatte.
Stephan erinnerte sich an seine Kindheit nur lücken-
haft. Das Jahr 1959 aber war für ihn vollständig aus
seiner Erinnerung verschwunden. Es gab in seiner Erinnerung kein Jahr 1959. Er konnte sich lange Zeit
auch nicht an einen einzigen Tag, an eine einzige Sekunde des Jahres 1959 erinnern. Das Jahr 1959 hatte
sich vollständig hinter seinem Rücken vollzogen.
Dank der Unterlagen aus dem Nachlaß seiner Mutter

und dank des Buches existierte es wieder. Seit er das Buch geschrieben hatte, bildete er sich ein, sich wieder an das Jahr 1959 erinnern zu können. Zumindest an Kleinigkeiten und Nebensachen. An eine grünschillernde Fliege auf der Küchenfensterscheibe, an einen Plastikball neben dem Blumenbeet. Es war, als wenn er mit dem Schreiben des Buches eine winzige Nervenschaltung in seinem Gehirn repariert hätte. In einem ansonsten völlig toten Areal glomm plötzlich ein Draht auf. Nicht hell genug, um viel auslösen zu können, aber immerhin eine Spur von Erinnerungsaktivität.

Stephan hatte das Buch über seinen verlorenen Bruder geschrieben, um etwas loszuwerden. Vor allem den stummen Schmerz seiner Eltern, der ihm von Kindheit an sozusagen in die Knochen gefahren war und sich wie Blei oder ein anderes Gift dort abgelagert und ihm geradezu körperlichen Schmerz verursacht hatte, für den die Ärzte keinen Namen wußten und den er für sich gelegentlich seine Vergangenheitsarthrose oder seinen Geschichtsrheumatismus nannte. Er wollte etwas loswerden, aber er war nichts losgeworden. Weder die muskulären Verspannungen und Knochenschmerzen, die ein windiger Heilpraktiker mit einer Entfernung sämtlicher Backenzähne zu kurieren empfohlen hatte, noch die Vergangenheit als solche.

Im Gegenteil. Denn nachdem das Buch erschienen war, hatten ihn die verschiedensten Reaktionen von Menschen erreicht, die ebenfalls einen verlorenen Bruder hatten. Sowohl per Brief als auch nach Lesungen hatten ihn Menschen angesprochen und ihm von ihrem verlorenen Bruder erzählt. Und nicht nur das: Immer wieder hatten sich Menschen an ihn gewandt, die von sich behaupteten, nicht etwa einen verlorenen Bruder zu haben, sondern selbst ein verlorener Bruder zu sein. So hatte ihn ein Mann nach einer Lesung in Bremerhaven angesprochen und zu ihm gesagt: »Ich bin ein Verlorener.« Und der Mann hatte dies vollkommen ernst gemeint. Gern hätte Stephan irgend etwas in der Art wie »Verloren sind wir auf lange Sicht doch alle« geantwortet, doch in Anbetracht des unbedingten Ernstes, mit dem der Mann über sich und seine wortwörtliche Verlorenheit gesprochen hatte, war Stephan jede flapsige Bemerkung unangemessen erschienen, so daß er es vorgezogen hatte, zu schweigen und dem Mann zuzuhören.

Der Mann aus Bremerhaven war wie sein Bruder im Januar 1945 verlorengegangen, und wie sein Bruder wußte er nichts über sich und seine Eltern. Er kannte weder seinen Namen noch seine Herkunft, er wußte nur, daß er auf einem von seinen Besitzern verlassenen Pferdewagen gefunden, von mitleidigen Flüchtlingen mitgenommen, anschließend in ein Heim gegeben und schließlich adoptiert worden war. »Ich kenne meinen Namen nicht«, hatte der Mann zu ihm gesagt und ihn dabei so eindringlich angesehen, als würde Stephan im Besitz seines Namens sein. Stephan hatte darauf, nun doch ein wenig flapsig und um der sich ausbreitenden Beklemmung zu entkommen, geantwortet: »Am Ende sind wir noch miteinander verwandt«, worauf der Mann mit dem gleichen Ernst wie vorher gesagt hatte: »Daran habe ich auch schon gedacht.« Und dann hatte er noch hinzugefügt, daß er unbedingt einmal privat mit ihm reden müsse und ob Stephan bereit sei, entweder direkt nach der Lesung oder auch am morgigen Tag mit ihm zu sprechen, worauf Stephan ihm die Adresse seines Hotels und eine Uhrzeit am späten Vormittag genannt hatte.

Am nächsten Vormittag hatte er das Hotel vor dem genannten Zeitpunkt verlassen, er wollte den Mann auf keinen Fall treffen. Er hatte nicht den Wunsch, mit dem Mann ein privates Gespräch über dessen Schicksal zu führen. Er wollte davon nichts wissen, zumal die Lektüre des Buches bei dem Mann offensichtlich die Phantasie ausgelöst hatte, er könne selbst der verlorene Bruder aus dem Buch und also sein Bruder sein. Stephan wollte auf keinen Fall einem Menschen begegnen, der von sich glaubte, daß er sein Bruder sei. Er wollte auch auf keinen Fall, zumindest damals nicht, seinem verlorenen Bruder begegnen. In diesem Punkt fühlte er sich dem kindlichen Erzähler seines Buches verwandt, der ja nichts so sehr fürchtete wie die Rückkehr des verlorenen Bruders.

Obwohl während der Flucht und der Vertreibung circa dreihunderttausend Kinder verlorengegangen sein sollten, hatte er sich für kein einziges davon interessiert. Nicht einmal für seinen verlorenen Bruder. Wenn er sich für ihn interessiert hatte, dann insofern, als er sich für dessen übermächtiges Nichtvorhandensein interessiert hatte und dafür, seine eigenen Phantomschmerzen und ererbten Schuldgefühle lindern zu wollen.

Vom Vater hab ich die Statur, des Lebens ernstes Führen, von Mütterchen die Frohnatur und Lust zu fabulieren. Wendete er Goethes frohgemute Verse auf sich selbst an, dann müßte er sagen, daß er vom Vater den Phantomschmerz und von der Mutter den Hang zum Grübeln und zu plötzlich aufwallenden Schuld- und Schamgefühlen geerbt hatte. Der Phantomschmerz äußerte sich beispielsweise in dem Gefühl, daß ihn eine nicht vorhandene Erinnerung schmerzte. Die Erinnerung war nicht da, aber der Seelenschmerz war da, den die nicht vorhandene Erinnerung auslöste. Die Erinnerung war nicht da, wohl aber der Wunsch, sich von der Last dieser fehlenden Erinnerung zu befreien. Dieser Wunsch war wahrscheinlich eng mit dem Schreibwunsch verwandt und mit dem, was Goethe die *Lust zu fabulieren* nannte, auch wenn er selbst das so nicht nennen würde.

Zwar hatte er den paradoxen Wunsch, sich durch Schreiben von der Last einer fehlenden Erinnerung und von historischen Phantomschmerzen zu befreien. Aber er hatte nicht den Wunsch, die Phantomschmerzen durch echte Schmerzen und die Phantome durch Realgestalten zu ersetzen. Es gab diese Geschichte von dem chinesischen Maler, der in die Landschaft seines Bildes hineintrat und darin verschwand. Für ihn eine

Schreckensgeschichte. Er würde niemals in einem Buch herumlaufen wollen. In seinem eigenen erst recht nicht. Und genausowenig wünschte er sich, daß eine Figur aus seinem Buch heraustrat und ihm einen Brief schrieb oder an seiner Haustür klingelte. Er wollte dem Mann, der sich vorstellen konnte, sein Bruder zu sein, auf keinen Fall ein weiteres Mal begegnen. Seinen Bruder gab es nicht. Sein Bruder war das Trauma seiner Eltern und ein Phantasma seiner Kindheit. Sein Bruder gehörte ins Buch, nicht ins Leben.

Allerdings hatte der Mann, der sich vorstellen konnte, sein Bruder zu sein, auf all diese Überlegungen keine Rücksicht genommen und ihm einen Brief geschrieben, in dem er sich dafür entschuldigte, ihn im Hotel nicht angetroffen zu haben. Möglicherweise habe er sich in der Zeit vertan. Und er bitte dringend um einen neuen Termin, wo und wann auch immer, er würde sich da ganz nach Stephan richten. Der unterwürfige Ton des Briefes hatte ihn abgestoßen, und er hatte nicht wenig Lust gehabt, dem Mann zu antworten, daß sie sich praktischerweise im Gästehaus der Yonsei Universität treffen sollten, da er in Kürze zu einer Fachtagung nach Seoul aufbrechen würde. Aber er hatte sich zurückgehalten und gar nicht geantwortet, worauf der Mann ihm schrieb, daß er ihm einen Brief geschickt und ihm mitgeteilt hatte, den Hoteltermin verpaßt und um einen neuen Termin gebeten zu haben, daß dieser Brief aber möglicherweise verlorengegangen sei und er darum noch einmal um einen Termin bitte, wo und wann auch immer. Diesmal antwortete er dem Mann und schlug ihm ein Treffen in einer Pizzeria in der Nähe des Klinikums Steglitz vor.

Während des Treffens, das schon bald nach dem Briefwechsel stattgefunden hatte, erzählte der Mann ihm, daß er verheiratet gewesen und nun geschieden sei und daß er ursprünglich Bürokaufmann gelernt habe, dann jedoch Grafikdesign studieren wollte, zum Studium aber nicht zugelassen worden sei, weil er kein Abitur, nicht mal ein Fachabitur hatte, so daß er als Kraftfahrer gearbeitet habe. Hamburg – München – Genua, immer hin und her, was ihm irgendwann zuviel geworden sei, er habe dann auf Fahrlehrer umschulen wollen, was ihm ebenfalls zuviel geworden sei. Er habe die Fahrlehrerausbildung abgebrochen und dann längere Zeit gar nicht mehr gearbeitet, die letzten Jahre sei er Taxi gefahren, bis er sich wegen eines Halswirbelsyndroms vorzeitig habe verrenten lassen. Mit einundfünfzig in Rente, eine minimale Rente allerdings, gerade mal über dem Sozialhilfesatz.

Im Grunde sei ihm alles mißlungen, auch seine Kindheit, seine Schulzeit, alles. Er habe sich immer für Psychologie interessiert, hätte am liebsten Psychologie studiert, oder Medizin, oder auch Geschichte. Er habe aber kein Abitur, nur Volks- und Handelsschule, seine Adoptiveltern seien einfache Leute gewesen. Jetzt sammle er Münzen, seine Eltern, das heißt seine Adoptiveltern, seien schon lange tot, und je älter er werde, um so mehr müsse er daran denken, daß er ein Findelkind, ein Verlorener sei. Früher habe ihn das nicht interessiert, doch seit einigen Jahren müsse er immer öfter daran denken, an den Treck, an den Schnee, an den kalten Januar 1945, und wie er dann allein auf diesem Pferdewagen gelegen habe, obwohl er das im Grunde ja gar nicht wissen könne, aber es habe in den Papieren gestanden. Ohne seine Eltern habe er auf dem Wagen gelegen, die plötzlich nicht mehr da waren, die plötzlich verschwunden waren, von den Russen mit Waffengewalt heruntergezerrt vom Wagen.

»Zuerst der Vater, dann die Mutter«, hatte der Mann gesagt und Stephan wieder so angeblickt, wie er ihn nach der Lesung angeblickt hatte, nur daß der Mann jetzt tränenfeuchte Augen hatte und Stephan befürchten mußte, daß der Mann zu weinen anfing. Er wollte aber keinesfalls einen weinenden Menschen am Tisch sitzen haben und sagte darum, möglichst sachlich und ohne jede Emotion, daß es auch umgekehrt hätte gewesen sein können. »Wie umgekehrt?« fragte der Mann zurück, worauf Stephan erwiderte: »Zuerst die Mutter und dann der Vater.« Sein kühler Einwurf hatte Wirkung gezeigt, und er hatte förmlich mit ansehen können, wie der Tränenschimmer von den Augen des Mannes verschwand und sich Symptome eines trockenen Auges zeigten.

Stephan kannte die Symptome, litt selbst darunter und trug darum auch immer eine Tube mit Tränenersatzflüssigkeit bei sich. Tränenersatzflüssigkeit erhielt man rezeptfrei, und seitdem er sie benutzte, hatte er sich angewöhnt, bei seinen Mitmenschen darauf zu achten, ob ihr Tränenfilm gerissen war oder möglicherweise gerade riß. Die sogenannte Tränenfilmaufrißzeit betrug beim gesunden Menschen zehn Sekunden nach dem letzten Lidschlag. Riß der Tränenfilm vorher, war man auf dem Weg zum trockenen Auge und mußte sich behandeln lassen, wobei die simpelste Form der Behandlung eben die regelmäßige Zufuhr von Tränenersatzflüssigkeit war.

Stephan hätte sich jetzt am liebsten selbst eine Dosis aus der Tube verpaßt, doch wollte er dies nicht am Tisch tun. Er wollte dem Mann keine Gelegenheit geben, allzu persönlich zu werden und etwa über Krankheiten oder körperliche Beschwerden mit ihm zu sprechen. Er wollte überhaupt nicht mehr mit dem Mann sprechen, der aber keinerlei Anstalten machte zu gehen. Der Mann schien sich trotz Stephans unwirscher Art wohl in dessen Gesellschaft zu fühlen. Vielleicht hatte er Stephans Verhalten gar nicht als unwirsch wahrgenommen. Der Mann wollte nun auch ein Viertel Rotwein bestellen, obgleich sie beide bisher je einen Cappuccino getrunken hatten. Stephan hatte den Mann eigens für sechzehn Uhr in die Pizzeria bestellt, weil er nicht wollte, daß aus dem Treffen ein Essen mit Wein und Grappa und noch einem Grappa wurde. Jetzt aber begann der Mann in der Speisekarte zu blättern, während sich Stephan sich schon erheben und verabschieden sah.

Der Mann sagte, er nehme Lasagne und Rotwein, und

Stephan hätte am liebsten erwidert, daß er nun den Bus nehmen würde. Allerdings gab es keinen Grund, den Mann zu kränken. Er war ja bereits gekränkt. Ein Gekränkter und ein Verlorener. Also bestellte er ebenfalls Lasagne und Rotwein und fragte den Mann beim Essen nach seiner Münzsammlung aus. Wenn es etwas auf dieser Welt gab, was Stephan nicht interessierte, dann waren es alte Münzen. Doch auch der Mann selbst schien sich nicht besonders für seine Münzsammlung zu interessieren. Er reagierte eher lustlos, beinahe deprimiert, als Stephan ihn nach dem Umfang seiner Sammlung fragte. »Ein paar hundert Münzen«, antwortete er, wobei er auf die Frage, ob dies alles römische Münzen seien, nur mit den Achseln zuckte.

Ein paar hundert Münzen hatte Stephan auch selbst zu Hause, in einem Einmachglas und übriggeblieben von irgendwelchen Urlaubsreisen. Die auffälligsten darunter waren zwei Münzen aus Portugal, groß wie olympische Medaillen, mit Staatswappen auf der einen Seite und einem von Delphinen begleiteten Segelschiff auf der anderen, das in voller Fahrt und mit geblähten Segeln den Atlantik durchpflügte. Echte Sammlerstücke schienen das zu sein, aber es waren bloß ganz gewöhnliche Fünfzig-Escudos-Münzen, mit denen man einen Milchkaffee bezahlen konnte. Außerdem besaß er zahlreiche DDR-Münzen, die von seinen Ostberlin-Besuchen übriggeblieben waren, federleichte Aluminiumchips, die sich mit zwei Fingern verbiegen ließen. Möglicherweise bestand die Sammlung des Mannes auch aus Aluminiumchips. Es hätte zu ihm gepaßt.

Was er denn für Münzen habe, wollte Stephan wissen, worauf der Mann sagte, daß er auf Caligula-Münzen spezialisiert sei. Stephan war überrascht. Und erfreut. Caligula interessierte ihn. Er sah, daß der Mann seinen Wein geleert hatte und bestellte einen weiteren halben Liter. Das mußte gefeiert werden. Mit Caligula hatte er sich eine Zeitlang beschäftigt. Vor allem mit dem Buch *Bubi Caligula* von Hanns Sachs. Darin konnte man lesen, daß Caligula zu einer speziellen Sorte Musterknaben gehörte, die einerseits brav und sittsam waren und zugleich besonders grausam sein konnten. Das interessierte ihn. So war auch er einmal gewesen. Erst der Mutter beim Abwasch helfen und dann Automaten knacken gehen und Autoreifen aufschlitzen.

»Auf Caligula«, sagte Stephan, nachdem der Kellner den Wein serviert hatte. Er wollte mit dem Mann anstoßen, aber der hatte dazu wenig Lust und bekannte, daß er ziemlich viele Quadrans und nur ganz wenige Silberdenare in seiner Sammlung habe. Von Quadrans hatte Stephan noch nie etwas gehört. Von Silberdenaren im Grunde auch nicht. Offensichtlich schien der Besitz von Quadrans einem Sammler nicht gutzutun. Nun erhob auch der Mann das Glas und gab seiner Freude Ausdruck, ihn kennengelernt zu haben und einmal über alles reden zu können. Dann schwieg der Mann wieder, und Stephan dachte daran, daß der

Mann sich nun langsam auf den Weg machen müsse,
wenn er den Abendzug noch erreichen wolle. Als er
den Mann fragte, wann sein Zug gehe, sagte der nur:
»Es gibt viele Züge« und blickte sich nach dem Kellner um, der auch sofort herbeieilte. Der Mann bestellte einen weiteren halben Liter Wein und zwei
Grappa und ignorierte Stephans Einwand, daß er
nichts mehr trinken wolle und es ja auch schon spät
sei. Nun war es doch ein Pizzeriaessen mit Wein und
Grappa und noch einem Grappa geworden. Er hätte
dem Mann seinen Grappa am liebsten über den Kopf
geschüttet. Dessen Sturheit und Anhänglichkeit gingen ihm auf die Nerven. Und dessen Deprimiertheit
ebenfalls. Ein frühverrenteter, trinkender, elternloser,
von seiner eigenen Münzsammlung deprimierter
Münzsammler, der nichts anderes als seine Lebens-
tragödie im Kopf hatte und der glaubte, in ihm, wenn
nicht einen leiblichen Verwandten, so doch einen Bruder im Geiste gefunden zu haben, mit dem man in irgendwelchen Steglitzer Pizzerien herumsitzen und
über bedrückende Kindheitserfahrungen sinnieren
konnte.

Aus Verärgerung und damit sie endlich aufbrechen
würden, kippte Stephan den Grappa in einem Zug
hinunter und beteiligte sich auch am Wein. Der Mann
schien immer noch nüchtern, Stephan aber war der
Alkohol in den Kopf gestiegen. Alkohol vertrug er erst
nach Einbruch der Dunkelheit. Der Mann spürte Stephans Ungeduld und blickte ihn mit nun wieder

feuchtschimmernden Augen an. Stephan erwiderte seinen Blick. Trockenes Auge gegen feuchtschimmerndes Auge. Caligula gegen Weichei. Stephan orderte beim Kellner die Rechnung, was den Mann noch mehr verstörte. Zumindest glaubte er zu erkennen, wie sich die Augenwinkel des Mannes mehr und mehr mit Tränenflüssigkeit füllten. Den Schirmertest, bei dem einem der Augenarzt Löschpapierstreifen in den unteren Lidrand klemmte, um die austretende Tränenflüssigkeit zu messen, würde der Mann mit Auszeichnung bestehen.

Stephan zahlte für beide und schlug vor, eine Abkürzung durch den Park des Klinikums zu nehmen. Auf dem Weg Richtung Klinikgebäude, das sich, nur durch einen Uferweg getrennt, direkt am Teltowkanal befand, bot der Mann ihm das Du an und daß er ihn Wilhelm nennen sollte. Stephan willigte ein, obwohl er kein Mensch war, der sich schnell mit anderen Menschen duzte. In gewisser Weise duzte er sich ja noch nicht einmal selbst. Außerdem fand er es überflüssig, kurz vor der Verabschiedung solche Vertraulichkeiten zu vereinbaren. Seinen Vornamen, der vollständig Hans-Stephan lautete, bot er ihm allerdings nicht an. Was den Mann aber nicht daran hinderte, ihn sogleich bei seinem Rufnamen Stephan zu nennen und nach den näheren Umständen zu fragen, unter denen sein Bruder verlorengegangen war.

Die Frage hätte sich der Mann sparen können, Stephan

hatte das alles schließlich in seinem Buch beschrieben, aber Wilhelm wollte wohl noch einmal von Stephan persönlich hören, daß es in der Tat ganz ähnliche Umstände waren wie in seinem Fall. Bewaffnete Russen hatten auch Stephans Eltern aus dem Treck herausgeholt und angedroht, seine Mutter zu vergewaltigen und seinen Vater zu erschießen, so daß seine Mutter einer fremden Frau das Kind in die Hand gedrückt hatte. Ob seine Mutter wirklich vergewaltigt worden war, wußte er nicht, und was mit dem Vater währenddessen geschehen war, ebenfalls nicht. In der Aussage, die sein Vater Ende der fünfziger Jahre vor einem Gemeindebeamten zu Protokoll gegeben und die Stephan in einem der nachgelassenen Dokumente entdeckt hatte, hieß es nur: »Die Situationen, in die wir dann kamen, lassen sich im einzelnen kaum schildern.« Das war alles, was er wußte, und mehr wollte er auch nicht wissen. Er wollte sich weder eine Vergewaltigung seiner Mutter noch eine Scheinerschießung des Vaters vorstellen. Und erst recht nicht, daß sein Vater bei einer Vergewaltigung seiner Frau hatte zuschauen müssen.

Er wollte sich überhaupt nichts vorstellen. Er hatte sein Buch geschrieben, und das genügte. Seine eigene Geschichte wie auch die seines verlorenen Bruders war in diesem Buch sehr gut aufgehoben. Das Buch hatte seine Leser gefunden, es war in mehrere Sprachen übersetzt und sogar zum Prüfungsstoff für die Sprachexamina der Goethe-Institute ausgewählt worden. Bolivianische und mexikanische Sprachschüler hatten das Buch mit größter Aufmerksamkeit gelesen. Außerdem war ein Theaterstück daraus gemacht worden, und verfilmt werden sollte es auch. Mehr konnte und wollte er nicht verlangen. Weder von sich beziehungsweise seinem Buch noch von seinem verlorenen Bruder. Und mehr als das, was er in dem Buch erzählt hatte, wollte er auch diesem Wilhelm nicht erzählen.

Wilhelm glaubte wohl, daß Stephan ein offenherziger und auskunftsbereiter Mensch war, nur weil er ein Buch über seine Familienangelegenheiten geschrieben hatte. Das war aber nicht der Fall. Nichts war Stephan unangenehmer, als mit fremden Menschen Gespräche über seine persönlichen Angelegenheiten zu führen. Selbst dann nicht und vielleicht sogar erst recht dann nicht, wenn er über diese Angelegenheiten ein Buch geschrieben hatte. Reden und Schreiben war schließlich etwas völlig Verschiedenes. Wer schrieb, redete nicht. Wer schrieb, verließ sich ganz auf die Diskretion und Stummheit des geschriebenen Wortes. Daß alle Welt das Geschriebene dann lesen konnte, mußte der Schreibende zwar wissen, aber möglicherweise wußte das Unbewußte des Schreibenden es nicht. Auch Stephans Unbewußtes wußte es nicht. Sein Unbewußtes hatte nicht begriffen, daß er schreibend der Welt von seinen persönlichsten Dingen erzählt hatte. Mit dem Ergebnis, daß dieser Wilhelm nun glaubte, bei Stephan handle es sich um einen auskunftsbereiten und offenherzigen Menschen.

Er war aber nicht auskunftsbereit und offenherzig. Er

war vielmehr ein äußerst verschlossener Mensch. Verschlossen bis verstockt. Er ließ lieber die anderen von sich erzählen. Von ihren Münzsammlungen beispielsweise. Sollten sie sich doch um Kopf und Kragen reden. Er schwieg lieber. Und er hatte, was Wilhelm anging, schon viel zu viel erzählt und fühlte sich mit jedem Schritt, den sie durch den Park des Klinikums gingen, mehr und mehr von Wilhelm bedrängt. Er wollte nur noch nach Hause. Als sie den Südeingang der Klinik erreicht hatten, sagte er zu Wilhelm, daß er kurz die Toilette aufsuchen müsse. Wilhelm könne schon vorausgehen. Einfach um das Gebäude herum. Falls sie sich verpaßten, solle Wilhelm am Nordausgang in einen der Busse steigen, die bis zur nächsten U-Bahn-Station führen, oder aber ein Taxi nehmen und direkt zum Bahnhof Zoo fahren. »In Ordnung«, hatte Wilhelm gesagt, »aber ich warte lieber hier.« Stephan suchte die Toilette auf und ärgerte sich. Der Mann war nicht abzuschütteln. Wenn der Mann nicht zum Nordausgang gehen wollte, dann ginge er eben selbst zum Nordausgang. Dort würde er ein Taxi nehmen und nach Hause fahren.

Stephan ging quer durch die Klinik, die als offenes Haus geführt wurde und in der jedermann ein und aus gehen konnte. Das Gebäude war ihm vertraut. Vor allem die Ambulanz, die er im Laufe der Jahre des öfteren konsultiert hatte. Entweder wegen eigener Beschwerden oder aber, um Freunde oder Freundinnen zu begleiten. Die Ambulanz war praktisch. Hier konnte man

am Wochenende seine Ohrenentzündung oder das ver-
stauchte Fußgelenk behandeln lassen. Stephan hatte
den ersten Tripper seines Lebens der Ambulanz des
Steglitzer Klinikums anvertraut. Er hatte die Infektion
während eines Konzertbesuchs in der Philharmonie
entdeckt, wo es zuerst Beethovens 5. Klavierkonzert
und danach das *Heldenleben* von Richard Strauss gegeben hatte. Natürlich hatte er den Tripper nicht
während des Konzerts, sondern in der Konzertpause
und auf der Toilette entdeckt. Und er hatte sofort gewußt, daß mit ihm etwas nicht stimmte, obwohl man
die ganze Sache auf den ersten Blick auch für einen unfreiwilligen Samenerguß hätte halten können. Er
neigte aber nicht zu unfreiwilligen Samenergüssen.
Schon gar nicht während philharmonischer Konzerte.
Der Arzt in der Ambulanz analysierte den Ausfluß, indem er einen Bunsenbrenner gegen die in ein Glas-
röhrchen abgefüllte Probe hielt. Der Fall war klar. Die
Frage, wo er sich angesteckt hatte, stellte ihm der Arzt
glücklicherweise nicht. Wohl aber wies er ihn darauf
hin, die Infektionsquelle, so der Arzt, umgehend zu informieren, da diese sich ebenfalls behandeln lassen
müsse. Und seine Freundin oder Lebensgefährtin
natürlich auch, falls diese mit der Infektionsquelle
nicht identisch sei.
Stephan sagte zu allem ja, um so schnell wie möglich
die Situation hinter sich zu bringen. Seine damalige
Freundin war nicht mit der sogenannten Infektionsquelle identisch gewesen, und letztere konnte er nicht

benachrichtigen, denn es hatte sich um eine zufällige Kneipenbekanntschaft gehandelt. Seine damalige Freundin mußte er allerdings informieren, wobei das Problem war, daß er sich nicht auf verdorbenes Essen oder eine Infektion im Hallenbad herausreden konnte und ihr also den Fehltritt gestehen mußte. Überraschenderweise hatte sie sein Geständnis mit großer Gelassenheit aufgenommen. Er hatte Streit, vielleicht sogar eine Trennung befürchtet, sie dagegen hatte nur gesagt: »Ich werde einen Abstrich machen lassen.« Sosehr er die Toleranz seiner damaligen Freundin geschätzt hatte, sosehr hatte sie ihn auch beunruhigt, und er war in der Zeit, die sie danach noch zusammen waren, immer öfter von dem Gedanken verfolgt worden, daß sie ihn ebenfalls betrog und sich auf Zufallsbekanntschaften einließ. Und ganz sicher hatte sein durch ihre Toleranz erzeugtes chronisches Mißtrauen am Ende mehr zu ihrer späteren Trennung beigetragen als sein Fehltritt mit der Kneipenbekanntschaft.

Stephan lief durch einen Korridor, der zum Nordausgang führte und mit Gemälden dekoriert war. Offensichtlich eine Laien- oder sogar Patientenausstellung. Mit dem Fuß gemalt oder etwas in der Art. Am Ende des Korridors befand sich eine Tür mit der Aufschrift *Sozialberatung*. Die Tür stand offen, und hinter einem Schreibtisch saß eine junge Frau, die in irgendwelchen Akten blätterte. Damals wäre er gern zu einer Sozialberatung gegangen, um sich beraten zu lassen: Wie gesteht man seiner Freundin eine Tripper-infektion? Und so hätte er sich jetzt ebenfalls gern be-raten lassen. Durfte er seinen Bekannten aus Bremer-haven einfach abhängen? Ganz sicher nicht. Anderer-seits bereitete ihm der Mann Beklemmungen. Stephan erreichte die Warteräume der Ambulanz, in denen er sich früher immer gern aufgehalten hatte. Speziell an Samstagabenden, an denen eine andere ehemalige und zu psychosomatischen Reaktionen neigende Freundin beinahe regelmäßig die Ambulanz wegen schmerzhaf-ter und von Krämpfen begleiteter Blasenentzündungen aufgesucht hatte, konnte man hier die Wechselfälle des menschlichen Lebens studieren: gerade noch im Auto und auf dem Weg zum Musical im Theater des Westens – und jetzt die Schulter in Gips. Gerade noch beim Italiener am Breitenbachplatz die Saltimbocca bestellt – und jetzt mit Verdacht auf Gehirnblutung auf dem Weg zur Angiographie.

Diesmal hielt er sich aber nicht länger in den nur schwach besetzten Warteräumen auf, sondern ging gleich zur Bushaltestelle, wo kein Bus stand, wo ihn aber Wilhelm erwartete. Nun mußte er also noch ein-mal mit ihm reden. Als Wilhelm ihn erblickte, ging ein Lächeln über sein Gesicht. Ganz offensichtlich freute sich Wilhelm. Stephan freute sich weniger, sondern spürte ein Schuldgefühl, das ihn sogleich unduldsam werden ließ. Seine gesamte Kindheit war nichts als ein von den Eltern ererbtes Schuldgefühl gewesen. Nun reichte es. Er hätte sein Schuldgefühl dem noch immer

lächelnden Wilhelm am liebsten um die Ohren ge-
hauen. Statt dessen sagte Wilhelm: »Ich wollte ganz si-
chergehen, daß wir uns nicht verpassen.« Stephan erwiderte nichts und wollte sich von Wilhelm verabschieden, der ihm nun versicherte, wie wichtig ihm das
Treffen gewesen sei und daß sie sich unbedingt wie-
dersehen sollten. Stephan sagte noch immer nichts
und streckte die Hand aus, worauf Wilhelm ihn plötzlich heftig umarmte und an sich drückte. Er preßte ihn
auf eine Weise an sich, wie ihn allenfalls seine Mutter
in ihren Anfällen von verzweifelter Sohnesliebe an sich
gepreßt hatte. Nur daß Wilhelm sich nicht nur an ihn
preßte, sondern auch noch seine Hände auf Stephans
Pobacken beziehungsweise Gesäßtaschen legte.
Wollte er ihm das Portemonnaie klauen? Oder war er
schwul? Stephan befürchtete letzteres und suchte dem
Klammergriff zu entkommen. Schwule hatten ihn
schon immer in Verlegenheit gebracht. Sie kannten
sich mit Männern aus, und irgendwie fühlte er sich
von ihnen durchschaut. Am liebsten hätte er jetzt einen
Judogriff angewandt, seinen rechten Fuß hinter Wilhelms linke Ferse gestellt und ihn nach hinten gedrückt. Einen Moment lang hätte er Wilhelm gern auf
das Pflaster hinschlagen sehen. Statt dessen sagte er,
eine Spur zu grob, Wilhelm solle die Finger von ihm
lassen und mit der Grabscherei aufhören, so daß Wilhelm sofort zurückwich und ihn erneut mit tränen-
feuchten Augen ansah.
Anscheinend war Wilhelm doch nicht schwul, son-

dern nur ein vereinsamter und sentimentaler Mensch, der eine ebenso sentimentale Zuneigung zu ihm gefaßt hatte. Nun tat der Mann ihm leid, zumal Wilhelm aussah, als würde er gleich zu weinen beginnen. Stephan sagte: »Tut mir leid, war nicht so gemeint«, und Wilhelm erwiderte nur: »In Ordnung.« Dann sah Stephan, wie Wilhelm ein paar Tränen die Wangen herunterliefen, und spürte schon wieder ein elendes Schuldgefühl in sich hochkriechen. Bevor er ein weiteres Mal unduldsam wurde, sagte er nur noch, diesmal ohne Wilhelm die Hand zu reichen: »Viel Glück weiterhin« und ging davon.

Wilhelm schrieb ihm darauf in kurzen Abständen zwei Briefe, in denen er ihm versicherte, wie sehr er sich über einen weiteren Kontakt freuen würde. Stephan beantwortete keinen der beiden Briefe. Er wollte dem Mann weder Hoffnung auf weiteren Kontakt machen, noch wollte er ihn schriftlich brüskieren und zurückweisen. Lieber schwieg er, was zur Folge hatte, daß Wilhelm sich längere Zeit gar nicht mehr meldete und dann einen weiteren Brief schrieb, in dem lediglich stand, daß er ihm nun nicht mehr schreiben werde und ihm für sein weiteres Leben Glück und Schaffenskraft wünsche. Der Brief war mit »immer Dein Wilhelm« unterschrieben, was Stephan anrührte, weil es altertümlich und irgendwie schiller- beziehungsweise goethehaft und nach den Leiden des jungen Werther klang, und für ein paar Sekunden hatte er, als er den Brief in den Händen hielt, die Vorstellung, daß Wilhelm nach dem Verfassen dieser Zeilen das Kerzenlicht ausgeblasen und sich mit einem Pistolenschuß getötet hatte.

Stephan beantwortete auch diesen Brief nicht, schleppte aber noch längere Zeit das Gefühl mit sich herum, einen Menschen, der ihm Sympathien entgegengebracht hatte, zwar nicht in den Selbstmord getrieben, wohl aber verletzt und vor den Kopf gestoßen zu haben. Und dies, obwohl er selbst lange Zeit und speziell in jüngeren Jahren die Erfahrung gemacht hatte, von Menschen, denen er Sympathien entgegenbrachte, verletzt und vor den Kopf gestoßen zu werden.

Wenn es so etwas wie eine Grundregel in seinen Beziehungen zu anderen gegeben hatte, dann hatte sie gelautet: Menschen, die er mochte, mochten ihn nicht. Wobei diese Grundregel noch um eine zweite ergänzt werden konnte: Menschen, die ihn mochten, mochte er nicht. Beide Regeln hatten lange Zeit, und bevor er geheiratet und eine Familie gegründet hatte, seine zwischenmenschlichen Beziehungen bestimmt. Sowohl die freundschaftlichen als auch die erotisch-sexuellen. Wer nach diesen beiden Regeln sein Leben gestaltete, konnte sicher sein, daß nichts funktionierte: weder die Freundschaft noch die Liebe. Wer nach diesen beiden Regeln lebte, hatte die Garantie, ein rundum unglücklicher Mensch zu sein.

Glücklicherweise steuerten diese Regeln irgendwann nicht mehr sein Leben, sondern er heiratete und wurde ein zufriedener Familienmensch. Daß seine Frau Helen Psychoanalytikerin mit einer gutgehenden Praxis in

Lichterfelde war, mochte zu dieser Entwicklung beigetragen haben. Natürlich hat er sich nicht von Helen
analysieren lassen. Aber es war nicht auszuschließen,
daß sie ihn auf diskrete Weise beeinflußt und gelenkt
und so manchen Konflikt und so manche von ihm an-
gezettelte neurotische Reiberei im Vorfeld entschärft
und ihnen so ein friedliches Zusammenleben ermög-
licht hatte. Daß er darüber hinaus zwei sehr hübsche
und äußerst intelligente Töchter und eine aus Frank-
reich stammende Katze hatte, die sich wie ein Kasch-
mirpullover aus dem Kaufhaus des Westens anfühlte,
war seinem Lebensglück natürlich ebenfalls nicht ab-
träglich. Wobei das Glück allenfalls dadurch ein wenig
irritiert wurde, daß seine Töchter nicht seine leiblichen Kinder, sondern seine Stieftöchter waren. Sie
stammten aus der ersten Ehe seiner Frau. Er nannte sie
aber trotzdem seine Töchter.

Außerdem wohnte er zur Zeit nicht bei seiner Frau
und den Töchtern, sondern allein in einer Steglitzer
Dachwohnung, von deren Terrasse er nach Lankwitz
und auf den Teltowkanal blicken konnte. Er hatte sich
so etwas wie eine einjährige Auszeit vom Familienleben genommen, ein Familiensabbatical. Er wollte
sich, nachdem er fünfzig geworden war und die Le-
benskurve sich dem letzten Lebensdrittel zuneigte,
noch einmal ganz mit sich selbst beschäftigen. Die
Auszeit sollte sozusagen seiner Selbstfindung dienen,
auch wenn er nicht an Selbstfindung glaubte. Das
Selbst fand sich nicht. Aber es war so, daß er eine Art

Bilanzbedarf hatte. Einen Zwischenbilanzbedarf. Hinzu kam, daß er seit einiger Zeit zwar nicht mit seiner Familie, wohl aber mit sich selbst unglücklich war. Er war reizbar, unleidlich und zudem ein wenig schweratmig geworden. Ihm lag ein Gewicht auf der Brust, das vorher dort nicht gelegen hatte. Und er wurde von den immer gleichen Alpträumen geplagt. Es waren Alpträume, die er von früher kannte, aber seit vielen Jahren, wenn nicht Jahrzehnten, nicht mehr geträumt hatte. In diesen Träumen sah er seinen Vater mit drohend erhobener Armprothese im Schlafzimmer neben dem Kleiderschrank stehen, oder er schrak mitten in der Nacht hoch, weil das Gesicht seiner Mutter sich über ihn beugte und immer mehr dem seinen näherte.

All das hatte sich nicht gerade gut auf die Atmosphäre in der Familie ausgewirkt, so daß sowohl Helen als auch seine beiden Töchter sofort damit einverstanden waren, als er vorschlug, eine einjährige Familienauszeit zu nehmen und sich eine kleine Wohnung in der Nähe zu suchen. Er hätte freilich nichts dagegen gehabt, wenn seine Familie ein wenig zögerlicher auf seinen Vorschlag reagiert hätte. Mit so viel spontaner Begeisterung über die Aussicht, ihn für ein Jahr los zu sein, hatte er nicht gerechnet, zumal Julia wegen ihrer diversen Praktika und Ruth wegen des Düsseldorfer Studiums nur noch in den Ferien oder am Wochenende zu Hause waren. Daß weder seine Frau noch seine Töchter auch nicht den kleinsten Einwand gegen seine Familienauszeit vorgebracht hatten, sprach allerdings ebenfalls dafür, sich eine Zeitlang von der Familie zu entfernen. Natürlich sollte die räumliche Entzerrung keine Trennung bedeuten. Sie wollten sich weiterhin an den Wochenenden sehen, und die Ferien wollte er auch weiter mit ihnen verbringen. Gegen letzteres hatte Helen allerdings Bedenken. Sie meinte, daß er die Auszeit nicht zu sehr verwässern solle. Außerdem habe er doch sicher den Wunsch, die eine oder andere Reise zu machen, von der er schon immer mal geträumt habe und die er bisher aus familiären Gründen nicht hatte machen können. Zum Beispiel die Reise nach Ägypten. Helen meinte, er solle die Auszeit nutzen, um sich alle die Wünsche zu erfüllen, die er sich in der Familie nicht hatte erfüllen können.

Wie tolerant seine Frau war. Wenn sie so sprach, kam sie ihm vor wie eine Heilige. Aber sie war keine Heilige. Sondern Psychoanalytikerin. Er hatte sie daraufhin gefragt, ob sie ihn loswerden oder gar in die Arme einer anderen, jüngeren treiben wolle, da sie ihn so sehr in seinem Wunsch nach einer Familienauszeit unterstütze. Aber nein, hatte sie gesagt, sie wolle ihn allenfalls in seine eigenen Arme treiben. Es sei denn, er sehne sich nach einer anderen, jüngeren. Das tue er nicht, hatte er darauf erwidert, er habe schließlich keine Midlifekrise. Er wolle weder eine jüngere Frau, noch wolle er diese schwängern und seine eigene Frau mit einer jüngeren zur Ersatzgroßmutter seines eigenen Kindes machen. Dieses Familienmodell sei zwar bei Männern mit Midlifekrise sehr beliebt, er strebe es aber keineswegs an.

Allenfalls einen Hund hätte er sich gewünscht. Sie hatten immer eine Katze gehabt. Sowohl Helen als auch Ruth und Julia waren Katzenliebhaberinnen. Er aber liebte Hunde. Und dies sicher auch, weil seine Eltern einen Hund gehabt hatten und er mit diesem – von seinem Vater leider oft sehr grob behandelten – Hund groß geworden war. Inzwischen war ihm auch die Katze ans Herz gewachsen, aber sie blieb trotzdem nur ein Hundeersatz. Wohl mochte er die Katze, aber er konnte sich nie sicher sein, ob die Katze auch ihn mochte. Er fühlte sich der Katze gegenüber so, wie er sich als Kind oft seinen Eltern gegenüber gefühlt hatte. Dabei hätte er sich als Kind viel lieber so gefühlt, wie sich der Hund ihm gegenüber gefühlt haben mußte: abgöttisch geliebt.

Alles, was das Familienleben ihm vorenthalten hatte, war ein Hund. Für mehr unerfüllte Wünsche und Lebensdefizite seinerseits konnte er das Familienleben nicht verantwortlich machen. In dem Punkt konnte er seine Frau beruhigen. Was er jetzt vor allem wollte, war, einmal in Ruhe über sich selbst nachzudenken. Er spürte, daß es höchste Zeit dafür war. Seine Alpträume ließen es ihn spüren. Und dieser Druck in der Herzgegend. Eine gelegentliche Beklemmung. Und manchmal auch ein Stolperherz. Keine Schmerzen im linken Arm, in der Schulter oder gar im Rücken. Das nicht. Doch er spürte stärker, als ihm lieb war, daß er ein Herz hatte. Daß sich dort in seiner Brust ein Organ befand und sich manchmal unangenehm ausbreitete.

Als würde es wachsen und langsam größer werden und ihm auf die Lunge drücken. Nur ein wenig zwar, aber genug, um ihn zu beunruhigen. Das EKG hatte nichts erbracht, und sein Internist hatte irgend etwas von Herzrhythmusstörungen und vegetativer Dystonie geredet. Er aber glaubte es besser zu wissen, schließlich steuerte er auf den Tag zu, an dem sein Vater gestorben war. Es war der siebte Tag nach dessen vierundfünfzigstem Geburtstag.

Die beste Therapie wäre natürlich gewesen, erst einmal den Zwangsgedanken loszuwerden, daß er nicht älter als sein Vater werden durfte. Aber wie wurde man einen Zwangsgedanken los? Er wußte es nicht. Er wußte nur, daß die alten Alpträume wieder aufgetaucht waren. Seine Frau griff gern, wenn man sie in privaten Gesprächen um einen therapeutischen Ratschlag bat, zu der Formel: Erinnern, Wiederholen, Durcharbeiten. Das war natürlich nicht ihre Erfindung, sondern stammte von Sigmund Freud. Aber es schien Stephan eine gute Maxime zu sein, der er insofern ja auch gefolgt war, als er über seinen verlorenen Bruder ein Buch geschrieben hatte. Doch hatte er nicht einkalkuliert, daß er mit dem Buch auch in die Realität und sein eigenes Leben eingreifen würde. Nun mußte er plötzlich einen Menschen wie Wilhelm, der am liebsten sein verlorener Bruder gewesen wäre, wie einen lästigen Gläubiger abwehren. Vielleicht sollte er noch ein Buch schreiben. Gegen Wilhelm. Und gegen Schuldgefühle.

Früher hatte er wissenschaftliche Aufsätze geschrieben. Aber seit er an der Freien Universität eine Stelle als Akademischer Rat mit Lehr- und Verwaltungsaufgaben im Bereich Deutsch als Fremdsprache angetreten hatte, hat er damit aufgehört. Es war zwar nur eine halbe Stelle, aber sie war unkündbar. Akademischer Oberrat wollte er nicht werden, also brauchte er auch keine Aufsätze mehr zu schreiben. Wenn überhaupt, wäre er gern Professor geworden. Auf den Oberrat konnte er verzichten. Zudem fehlte die Planstelle. Er konnte gar nicht Oberrat werden. Zumindest nicht an der Freien Universität. Schön wäre es, einmal einen Roman zu schreiben. Einen leichten, heiteren Roman. Manche seiner Unikollegen und speziell die Anglisten träumten davon, einmal einen Krimi zu schreiben. Er hätte gern einen heiteren Roman geschrieben. Irgend etwas in der Art von *Unser Mann in Havanna*, *Die Verliese des Vatikan* oder auch *Felix Krull* – bei aller gebotenen Bescheidenheit. Ein heiterer Roman würde seinem Herzen guttun. Er hatte einmal am Teltowkanal von der Bäkebrücke aus einem Frachtschiff mit einer Ladung Altmetall nachgesehen. Die Ladung sah aus wie eine Anselm-Kiefer-Skulptur. Seitdem glaubte er manchmal, eine Ladung Altmetall in der Brust zu spüren. Eine Anselm-Kiefer-Skulptur drückte auf Lunge und Herz. Er hätte die Fracht gern abgeworfen. Aber wie und wohin?

Jetzt und nachdem er die Papiere seines Vaters gelesen hatte, dachte er eher daran, sich durch die Wirklichkeit zu therapieren und nach Bryschtsche zu fahren. Der Frachtkahn war sozusagen in Bryschtsche beladen worden. Er würde sich den Ort ansehen, wo sein Vater ein Kind gewesen war. Und er würde vielleicht Kontakt zu den Nachfahren seiner ehemaligen Nachbarn bekommen oder zu Menschen, die sich noch an seinen Vater erinnerten. Das konnte auch nach fünfzig Jahren noch möglich sein. Das würde nicht nur seinem Herzen guttun, sondern auch seine Alpträume und Zwangsgedanken lindern oder gar vertreiben.

Die Aussicht auf eine wolhynische Reise beflügelte ihn. Als er Helen davon erzählte, sagte sie nur: »Realität ist immer gut.« Er war nicht ganz sicher, was genau sie damit sagen wollte, vertraute ihr aber, so wie er ihren Ratschlägen und Kommentaren meistens vertraute, auch wenn sie sie gelegentlich etwas zu lakonisch formulierte. Er freute sich auf die Reise, und er dachte daran, keinen heiteren Roman zu schreiben, sondern einen Reisebericht, den er schlicht und ergreifend *Eine Reise nach Wolhynien* nennen wollte.

Auch wenn der Name Wolhynien in seinen Ohren noch immer nach Vertriebenenverbänden und nach Wir-wollen-unsere-alte-Heimat-wiederhaben klang. Aber *Eine Reise in die Ukraine* würde den Sachverhalt nicht treffen. In der Ukraine war er schon einmal gewesen. Aber damals hatte er nicht an Bryschtsche gedacht. Er war anläßlich einer DaF-Tagung mit Osteuropaschwerpunkt in Kiew gewesen. Im Winter. Bei etlichen Graden unter Null. DaF war die Abkürzung für

45

Deutsch als Fremdsprache. Zu der Tagung gehörte auch eine Begegnung mit ukrainischen Schriftstellern und Herausgebern von ukrainischen Literaturzeitschriften. Tagsüber widmete man sich gemeinsam mit ukrainischen Deutschlehrern der DaF-Didaktik und abends der Literatur. Außerdem gab es eine Stadtbesichtigung einschließlich Rundgang durch ein sogenanntes Miniaturmuseum, wo man durchs Mikroskop einen aus einem Menschenhaar geschnitzten Engel bewundern konnte. Die Begegnung mit den ukrainischen Schriftstellern war insofern bemerkenswert, als sie vor allem wissen wollten, wie die deutschen Tagungsteilnehmer über den Tod dachten. Für Deutsch-als-Fremdsprache-Didaktiker war diese Frage nicht leicht zu beantworten und hatte einige Verlegenheit ausgelöst. Die Zeitschriftenherausgeber wiederum waren nicht so sehr am Tod interessiert als vielmehr an Kulten, Ritualen, Runen und an einem ukrainischen Großreich. Vielleicht hatten die Veranstalter auch die falschen Zeitschriftenherausgeber eingeladen.

Stephan war auf jeden Fall ein wenig befremdet aus Kiew zurückgekehrt. Und mit Wolhynien und mit dem Heimatdorf seines Vaters hatte das alles sowieso nichts zu tun. Einzig der Dnjepr, auf dessen geschwungenen Lauf er beim Landeanflug eine geradezu erhabene Aussicht gehabt hatte, gab ihm das Gefühl, den Fluß zu sehen, an dessen Ufer sein Vater einst gestanden hatte – vielleicht sogar mit einer Angel an der Hand und einem Stör am Haken. Aber das bildete er sich gewiß nur ein. Floß der Dnjepr überhaupt durch Wolhynien? Er wußte ja noch immer nicht, wo Bryschtsche überhaupt lag. Er hatte es in keinem Atlas und auf keiner Landkarte gefunden, auch nicht auf der, die mit *Westliches Rußland* überschrieben war und wo er die Orte Luzk und Roshischtsche gefunden hatte. Glaubte man dieser Karte, dann gab es keinen Ort namens Bryschtsche. Laut den Dokumenten seines Vaters mußte es ihn aber geben, und möglicherweise war er so klein, ein Bauernsprengel, eine Ansammlung von einem Dutzend Gehöften, daß er auf keiner der üblichen Karten verzeichnet war.

Er verdankte es einem Besuch bei seiner Schwester Waltraut, in den Besitz einer Karte gekommen zu sein, auf der Bryschtsche dann doch verzeichnet war. Waltraut war im Unterschied zu ihm und auch zu ihrer Schwester Gerda ein sehr familienbezogener Mensch. Sie hatte sogar einen Cousin zweiten Grades geheiratet und führte mit ihm einen landwirtschaftlichen Betrieb im Lippischen. Gerda dagegen war viele Jahre mit einem gutverdienenden Steuerberater verheiratet gewesen und inzwischen geschieden. Nun lebte sie allein in einer komfortablen und beinahe schon luxuriösen Eigentumswohnung in Bad Pyrmont mit Blick auf die Kuranlagen. Während Waltraut das Leben einer Landwirtin führte und die ganze Woche, wie sie selbst zu sagen pflegte, aus den Gummistiefeln nicht herauskam, führte Gerda das Leben einer eleganten alleinstehenden Dame, die allerdings schon seit mehreren Jahren mit einem verwitweten ortsansässigen Rechtsanwalt liiert war, ohne mit ihm zusammenziehen oder ihn gar heiraten zu wollen. Dies wohl auch, um nicht auf die Unterhaltszahlungen ihres geschiedenen Mannes verzichten zu müssen. Gerda hatte, was das Geld anging, mehr Glück gehabt als Waltraut, deren Hof gerade genug zum Leben abwarf.

Daß Gerda die feine Dame spielte, während Waltraut Vieh versorgte und mit dem Traktor herumfuhr, war allerdings nicht voraussehbar gewesen. Schließlich war Waltraut von beiden Schwestern die eindeutig hübschere. Oder, um es noch deutlicher zu sagen: Waltraut war eine Schönheit, während Gerda als Mädchen durchaus hübsch, aber auch ein wenig herb und streng war, sowohl um den Mund und die Augen herum als auch von ihrer gesamten Persönlichkeit her. Waltraut dagegen war eine schwarzhaarige Schönheit südlichen Typs. Schmalhüftig und mit kräftigen Schultern, einem nicht allzu großen, aber fülligen Busen und einer selbst im Winter immer ein wenig gebräunten Haut: wolhynisch-mediterran sozusagen, Luzk mit einem Schuß Palermo.

Stephan war schon als Kind von Waltraut begeistert gewesen, wobei sich die Begeisterung in seiner Pubertät, während der Waltraut zu einer jungen Frau heranreifte, noch gesteigert hatte. Eine Zeitlang war er geradezu von ihr besessen gewesen, hatte in ihren Sachen herumgeschnüffelt, hatte versucht, sie im Bad zu überraschen, hatte sich sogar einmal an ihrer Wäsche zu schaffen gemacht und eines ihrer Höschen an sich genommen und tagelang in der Hosentasche mit sich herumgetragen, bis er es aus Angst vor Entdeckung wieder an seinen Platz zurückgelegt hatte.

Natürlich hatte er gewußt, daß es verboten war, was er da trieb. Aber was hätte er machen sollen? Außerdem war sie immer sehr nett zu ihm gewesen. Sie war damals der einzige Mensch, bei dem die Gefühlsbilanz ausgeglichen war: sie mochte ihn, und er mochte sie. Gerda mochte ihn auch, aber er mochte Gerda nicht. Sie glaubte immer, ihn erziehen zu müssen. Während Waltraut ihn nicht erzog, sondern mit ihm spielte.

Als er klein war, spielte sie mit ihm irgendwelche Kinderspiele. Später dann spielte sie mit ihm ein Spiel mit dem Namen *Bis hierher und nicht weiter*. Einmal waren sie mit dem Hund in den Stadtpark gegangen, hatten sich auf eine Bank gesetzt, und Waltraut hatte sich die Lippen zu einem großen roten Kußmund geschminkt. Dann hatte sie ihn gefragt, ob er auch so einen Kußmund wolle. Als er bejahte, hatte sie gesagt: »Ich mache dir einen Abdruck« und ihm ihre Lippen auf seine gedrückt. Das war ein sehr schönes Gefühl gewesen. So schön, daß er versucht hatte, ihr seine Zunge durch die Lippen hindurch in den Mund zu schieben. Er hatte es ganz vorsichtig versucht, nur mit der Zungenspitze, doch Waltraut hatte plötzlich, als er gerade ein wenig an ihren Schneidezähnen herumspielte, den Kopf zurückgezogen und »Bis hierher und nicht weiter« gesagt.

Ein anderes Mal hatte sie ihn gefragt, ob er ihr bei der Anprobe helfen wolle. Sie waren allein zu Haus gewesen, und Waltraut hatte einen Rock angezogen, den sie kürzer machen wollte, aber wie kurz, wußte sie nicht. Er sollte hinter ihr knien und den Rock jeweils hochrollen und festhalten, während sie vor dem Spiegel die passende Länge prüfen wollte. Dies taten sie mehrere Male, der Rock wanderte höher, er umfaßte sie von hinten, hielt den Saum des Rockes und manchmal auch ihre nackten Beine fest und drückte sich zugleich ganz dicht an sie, bis sie schließlich sagte: »Bis hierher und nicht weiter.« Später hatte er sich manchmal gefragt, ob diese Spiele vielleicht kleine bösartige Quälereien gewesen waren, mit denen sie ihm einen unruhigen Schlaf bereiten und seine Träume anstacheln wollte. Vielleicht hätte er ihr »Bis hierher und nicht weiter« auch einfach ignorieren sollen. Ganz offensichtlich hatte sie ja eine Neigung zu Familienmitgliedern. Sie hatte immerhin einen Cousin geheiratet. Wenn auch einen zweiten Grades. Andererseits: Wenn Waltraut etwas sagte, dann meinte sie es auch so. Darin war sie ihrer Schwester ähnlich.

Noch heute gelang es ihr, ihn in Verlegenheit zu bringen. Dann sah sie ihn mit einem Blick an, als wüßte sie mehr über ihn, als er selbst über sich wußte. Wobei seine Verlegenheit noch dadurch bestärkt wurde, daß Waltraut auch als reife Frau und selbst in Gummistiefeln und Overall eine ungewöhnlich schöne Frau war.

Das war sie auch an ihrem fünfundvierzigsten Geburtstag gewesen, an dem Stephan sie und ihren Mann Gerhard vor nunmehr fast einem Jahrzehnt zum Nachmittagskaffee im Lippischen besucht hatte. Auch an diesem Tag wäre Waltraut beinahe nicht aus ihren Gummistiefeln herausgekommen, zumindest lief sie bei seiner Ankunft noch in ihrer üblichen Arbeitskleidung herum. Dann hatte sie sich aber doch noch zurechtgemacht, die Haare hochgesteckt, ein schwarzes und ziemlich enges Cocktailkleid angezogen und einige Verwandte und Bekannte um den Kaffeetisch versammelt.

Einer von ihnen war ein alter Mann, den er als Onkel Ernst kannte, aber viele Jahre nicht mehr gesehen und den er als Kind lange Zeit für einen echten Onkel gehalten hatte, bis er darüber aufgeklärt worden war, daß es sich bei Onkel Ernst um einen ehemaligen Nachbarn seines Vaters und seiner Großeltern handelte. Einen Nachbarn aus dem Osten. Diese Erklärung hatte ihm damals gereicht. Es waren während seiner Kindheit immer mal wieder Freunde, Nachbarn, Bekannte oder auch Verwandte seiner Eltern aus dem Osten aufgetaucht, die ein seltsames Deutsch sprachen, altmodisch gekleidet waren und über Dinge redeten, von denen er keine Ahnung hatte. Der Osten und alles, was damit zusammenhing, waren ihm als Kind und Jugendlichem vollkommen unverständlich geblieben, den topographischen und historischen Wirrwarr, als der sich die Gespräche der Erwachsenen über

Schlesien, Ostpreußen und Pommern, über Breslau, Königsberg und Lodz, über Masuren und Siebenbürgen, über Aussiedlungen und Umsiedlungen, Fluchten und Vertreibungen vor, während und nach dem Ersten Weltkrieg sowie vor, während und nach dem Zweiten Weltkrieg für ihn darstellten, hätte er nie entwirren können, zumal er oft genug den Eindruck hatte, daß auch die Erwachsenen selbst sich manchmal nicht mehr zurechtfanden.

Nun erfuhr Stephan, daß Onkel Ernst nicht nur der Nachbar seines Vaters, sondern zugleich ein Onkel von Waltrauts Mann war und auf diese Weise, da Waltraut einen Cousin zweiten Grades geheiratet hatte, auch in einer verwandtschaftlichen Beziehung zu seiner Familie stand. Möglicherweise waren in Bryschtsche alle irgendwie miteinander verwandt, wie das in kleinen Orten, die sich zudem noch im Ausland befanden, üblich war. Schließlich hatte es trotz einer mehr als hundertjährigen Ansiedlung seiner Vorfahren in Bryschtsche niemals Heiraten mit Ukrainern gegeben. Geheiratet wurde entweder im deutschen Dorf, oder man ging auf Brautschau in andere deutsche Dörfer, die nicht nur in Wolhynien, sondern auch sonstwo liegen konnten, wie im Falle seiner Mutter, die aus dem sogenannten Warthegau stammte und in einem Dorf mit dem türkisch klingenden Namen Anatolien geboren worden war. Wie es möglich war, daß sein Vater aus dem wolhynischen Bryschtsche eine junge Frau aus Anatolien kennengelernt hatte, auch wenn dieses Anatolien nicht in der Türkei, sondern im sogenannten Warthegau lag, hatte er nie erfahren. Er hatte allerdings auch nie danach gefragt.

Obwohl Onkel Ernst an die achtzig gewesen sein dürfte, war er ein äußerst lebhafter und erzählfreudiger Mensch, der im Harz lebte und bis zu seiner Pensionierung Studienrat gewesen war. Außerdem war er, wie sich das für einen pensionierten und im Harz lebenden Studienrat gehörte, ein begeisterter Wanderer gewesen. Wandern konnte er aber wegen seines Alters und einer Hüftgelenksoperation nicht mehr, und seit er auch im eigenen Garten, wie er sagte, nur noch herumstehen und sich die Krokusse von ganz oben anschauen könne, was aber immer noch besser als das Gegenteil sei, hatte er sich auf die Familienforschung und das Aufschreiben von Erinnerungen an die alte Heimat verlegt.

Seit mehr als einem Jahrzehnt ging er inzwischen diesem Hobby nach, wobei er allerdings seine eigene Familie, bei der es sich um eine einfache Bauernfamilie handelte, die von verarmten und aus dem Schwäbischen nach Wolhynien ausgewanderten Kleinbauern abstammte, mangels Material und schriftlicher Überlieferung nicht lange hatte erforschen können. Es reichte gerade mal für einen dürren Stammbaum, der vier oder fünf Generationen umfaßte. Darüber hinaus verlor sich Onkel Ernsts Familiengeschichte in einer anonymen Vergangenheit. Um seine Familienforschungen nicht nach kurzer Zeit gleich wieder einstellen zu müssen, hatte Onkel Ernst den Gegenstand seiner Bemühungen auf Bryschtsche ausgeweitet.

Er erforschte das ganze Dorf und hatte inzwischen verschiedene Broschüren und Erlebnisberichte sowohl selbst verfaßt als auch von anderen zusammengetragen. Eine dieser Broschüren war Stephans Vorfahren gewidmet, und Onkel Ernst versprach, ihm sowohl diese Broschüre als auch andere Materialien zukommen zu lassen. Als er allerdings von den Einzelheiten seiner Forschungen berichten wollte, ergänzten Waltraut und ihr Mann die Kaffeetafel um Cognac, Rosésekt, Bier und eine Platte mit Wurst- und Schinkenbroten, und Waltraut meinte, während sie Onkel Ernst ein Bier einschenkte, daß es nun aber genug mit den alten Geschichten sei.

Das war eine gute Idee, fanden alle, der viele Kuchen hatte Appetit auf Deftiges gemacht, und darüber, daß Onkel Ernst Einhalt geboten wurde, beklagte sich auch niemand. Die Gäste aßen und tranken und folgten dann dem Vorschlag von Waltrauts Mann, einen Gang über den Hof und durch die Landwirtschaft zu machen. Es gebe einen Wurf Ferkel sowie eine neue Häckselmaschine zu besichtigen, und die frische Luft würde ebenfalls guttun.

Stephan verzichtete auf den Rundgang und gab vor, Waltraut beim Abräumen helfen zu wollen. Als sie allein waren, sagte er zu ihr: »Laß uns erst einmal auf dich anstoßen, es ist schließlich dein Geburtstag.« Er schenkte zwei Sektgläser ein, obwohl Rosésekt nicht unbedingt sein Fall war, zumal nach dem Essen, und ihm zudem irgendwie spießig vorkam. Aber daraus machte sich Waltraut nichts, und in ihren Händen mit den zur Feier des Tages rotlackierten Nägeln wirkte das Getränk auch gar nicht mehr spießig. Sie stieß mit ihm an und trank das Glas in beinahe einem Zug aus. Dann sagte sie: »Jetzt hilfst du mir beim Abräumen« und ging, allerdings ohne irgend etwas abzuräumen, in die Küche voraus. In der Küche nahm sie eine Schürze vom Haken und bat ihn, die Schürze auf ihrem Rücken zu verknoten.

Er stellte sich hinter sie und nestelte an den Schürzenbändern herum. Dann zog er sie etwas näher an sich heran, und er hatte das Gefühl, als würde sie nichts dagegen haben und sich auch von sich aus ein wenig an ihn drücken. So verharrten sie einen Moment, und er atmete den Duft ihres Haares und die Wärme ihres Nackens ein. Ihm schwindelte ein wenig, und um Halt zu finden, zog er sie noch ein wenig näher heran, legte seine Arme um ihre Hüften und seine Hände dicht unter ihre Brust. Sie ließ es noch immer geschehen, vielleicht, weil sie einen Moment selbst auch ein wenig zu schwanken schien, doch als er mit seinen Lippen ihren Nacken berührte und seine Hände ein wenig nach oben verschob, drehte sie sich plötzlich um, sah ihn an, sagte: »Nicht weiter!«, gab ihm einen schnellen und betont geschwisterlichen Kuß auf die Wange, schob ihn zugleich von sich und band sich daraufhin die Schürze mit geübtem Handgriff selbst zu. Als er sie fragte: »Du erinnerst dich noch?«, sagte sie nur: »Natürlich.« Und dann sah sie ihn wieder mit ihren blauschwarzen, wolhynisch-palermitanischen Augen auf eine Weise an, die es ihm ratsam erscheinen ließ, jetzt lieber zu schweigen. Er sagte nur noch: »Laß uns abräumen!«, worauf sie erwiderte: »Gute Idee« und sie sich an die gemeinsame Küchenarbeit machten.

Als er Helen von Waltrauts Geburtstagsfeier berichtet hatte, zu der sie wohl eingeladen war, aber die Einladung aus beruflichen Gründen nicht hatte annehmen können, hatte er ihr einiges von Onkel Ernsts Familienforschungen, aber nur wenig von Waltraut erzählt. Nur daß sie immer noch blendend aussehe, hatte er gesagt, daß sie noch immer eine äußerst attraktive Frau sei, und das mit beinahe fünfzig und dem Beruf. Er fand es unverdächtiger, ganz offen von Waltraut zu schwärmen, als ihre Attraktivität zu verschweigen. Und außer daß Helen sagte: »Ja, du hast recht, deine Schwester muß man wirklich bewundern«, verloren sie über sie und ihn kein weiteres Wort, was ja im Grunde auch vernünftig war. Schließlich war nichts passiert, jetzt nicht und früher nicht, was natürlich mehr Waltraut als ihm zu verdanken war. Auf Waltraut konnte er sich eben verlassen.
Auf Onkel Ernst konnte er sich auch verlassen. Schon ein paar Tage später hatte Onkel Ernst ihm ein Paket mit diversen Broschüren und Unterlagen geschickt.

Viel Selbstgetipptes und schlecht Kopiertes, das meiste in Plastikmappen geheftet und mit rührend ungeschickten Titelzeichnungen versehen. Darunter waren ein sogenannter Erlebnisbericht mit dem Titel *Schicksalswege einer wolhyniendeutschen Familie*, ein in Kinderschrift geschriebener und fotokopierter Text mit dem Titel *Als ich klein war*, den Onkel Ernst seinen Enkeln gewidmet hatte, ein umfangreiches, über hundertfünfzigseitiges kopiertes Typoskript mit dem Titel *Das Leben in der Kolonie Bryszcze* sowie eine Abhandlung über *Kulturarbeit in Wolhynien*, in der die Kulturarbeit der örtlichen Kirchenchöre, Posaunenchöre und Dorfbibliotheken ausführlich dokumentiert und gewürdigt wurde und wo er beispielsweise erfahren konnte, daß es in Wolhynien im Jahr 1938 rund 50 Posaunenchöre mit 515 Bläsern gab, um die sich ein Posaunenwart namens Gottfried Strohschein besonders verdient gemacht hatte. Dieser Posaunenwart wiederum habe, um seine Arbeit zu tun und die verschiedenen Posaunenchöre zu betreuen, eine Strecke von 5522 km zurückgelegt, davon 608 km zu Fuß und den Rest mit dem Pferdegespann.

Leider war in der Broschüre nicht der Zeitraum angegeben, in dem der Posaunenwart die enorme Strecke zurückgelegt hatte. Auch war nicht ersichtlich, wie Onkel Ernst diese Zahlen ermittelt hatte. Aber beeindruckt war Stephan trotzdem. Beeindruckt war er auch von Onkel Ernsts Fleiß. Besonders die Arbeit über die Kolonie Bryszcze war eine Art Geschichte des

Alltagslebens der Deutschen in Wolhynien. Nicht ganz so umfangreich wie Jürgen Kuczynskis vielbändige *Geschichte des Alltags des deutschen Volkes*, die noch aus Studentenzeiten in seinem Bücherschrank stand, aber immerhin ein Konvolut von über zweihundert Seiten. Darin schrieb Onkel Ernst unter anderem über das Essen und Trinken (*Borschtsch, Kliesel, Piroggen, Fettschnaps, Warmbier und Wodka*), Krankheiten und Heilungen, Feste und Naturerlebnisse sowie über *Die Einführung von Pferdefuhrwerken in den Wald vor Bryszcze im Jahr 1921*. Zwischen den Kapiteln *Familienfeiern in Bryszcze* und *Naturerlebnisse* waren außerdem einige Seiten mit der Überschrift *Vom Miteinander der Deutschen und Juden in Wolhynien* eingefügt. Hier berichtete Onkel Ernst von guter Nachbarschaft und regelrechten Vertrauensverhältnissen zwischen Juden, die hier als Handwerker und Kaufleute lebten, und den deutschen Kolonisten. Beispielsweise waren die Juden denjenigen Deutschen, die nur wenig Russisch oder Polnisch sprachen, beim Übersetzen offizieller Schreiben behilflich. Für eine kurze Zeit in den zwanziger Jahren schien in Bryszcze sozialer Friede zwischen Deutschen und Juden zu herrschen. Onkel Ernst erinnerte sich an den Schulkameraden Froim Grünberg, der später in Paris Rechtswissenschaften studierte, an den Sohn des Viehhändlers Jankel mit dem Spitznamen Mätschel (Kälbchen), der Schuhmacher lernte, in Luzk ein Schuhkaufhaus eröffnete und 1939 von plündernden Sowjetsoldaten erschossen wurde, und an eine jüdische Hausiererin, die mit den Worten: »Wus kennt ihr gebrouchen, ach miß eppes handeln, mai Mannis toit, finf Kinder schraien nach Broit. Ach verkoif Nadeln, Zwern in Loitzicker« ihre Waren, Nadel, Zwirn und Lotzucker, angeboten habe.

Dem gesamten Konvolut war eine von Onkel Ernst handgezeichnete Landkarte beigefügt, die, mit dem Hinweis *Skizze aus der Erinnerung* versehen, die Reihenfolge der Höfe in der deutschen Kolonie Bryszcze oder Bryschtsche um 1910 im Maßstab 1:20000 darstellte. In einem der aufgereihten Rechtecke entdeckte Stephan auch seinen eigenen Namen. Das also war der Hof der Großeltern. Hier war sein Vater geboren worden und aufgewachsen. In der unmittelbaren Nachbarschaft von zwei Höfen, die laut Karte den Familien Kruschel und Marohn gehörten, und nicht allzuweit entfernt vom Ukrainerdorf Troscianka, das wiederum an der Hauptstraße lag, die von Torczyn nach Rozyszcze führte. Gleich hinter dem Hof war ein weiteres gestricheltes Quadrat eingezeichnet und mit dem Hinweis »5 ha« versehen. War das viel? Oder wenig? Stephan wußte es nicht.

Nachdem er die Papiere durchgeblättert hatte, wußte er zumindest eines: Onkel Ernst war ein fleißiger und ehrenwerter Mann, der seine Heimat liebte und einen Kampf gegen das Vergessen führte. Allerdings fand Stephan nicht, daß dies alles irgend etwas mit ihm zu tun hatte. Selbst die handgefertigte Landkarte, auf der ja immerhin sein Familienname auftauchte, ließ sein Herz nicht höher schlagen. Die Gestalt seines Vaters wurde nicht lebendiger dadurch, geschweige denn Stephans eigene Kindheit, die mindestens genauso tot wie sein Vater war.

Als er beim Abendessen Helen von der Lektüre der Unterlagen berichtete, spürte er plötzlich einen Unwillen gegen diesen schlecht getippten und durchgepausten Stapel Papier. Wahrscheinlich gebe es, sagte er zu Helen, Tausende oder Zigtausende von solcherlei privaten Aufzeichnungen, die alle irgendwann auf dem Müll landeten. Und er sagte ihr auch, daß ihn Onkel Ernsts Heimat- und Familienerinnerungen deprimierten. Und nicht nur die von Onkel Ernst. Heimat- und Familienerinnerungen deprimierten ihn generell. Und sie machten ihn aus irgendeinem Grund auch wütend. Wen interessierte schon, ob die Leute Tee oder Milch zum Frühstück getrunken haben, wie viele Kühe im Stall standen oder wie viele Kilometer ein wolhynischer Posaunenwart zu Fuß oder mit dem Pferdewagen durch den Bezirk Luzk oder den Landkreis Roshischtsche zurückgelegt hatte. Er fände es jedenfalls nicht gerade sinnvoll, wenn ihre Töchter sich eines Tages hinsetzten und aufschrieben, wie viele Kilometer sie, seine Frau, mit dem Auto zu ihrer Lichterfelder Praxis oder aber er auf seinen Spaziergängen am Teltowkanal bis zur Bäkebrücke zurückgelegt hätte. Helen, die zum Abendessen am liebsten Wein trank, dies sich aber nur ein- oder zweimal in der Woche gestattete, reagierte darauf mit einem »Das halte ich für eher unwahrscheinlich, daß unsere Töchter so etwas tun«, schenkte sich ein zweites Glas Rioja ein und blickte Stephan erwartungsvoll an, was ihn ermutigte, sich nicht nur gegen Onkel Ernsts Familienerinnerungen und Familienerinnerungen überhaupt in Rage zu reden, sondern gegen alles, was alt und vergangen war.

Wobei er damit natürlich nicht alte Menschen meinte. Oder alte Hunde. Die hatten seinen Respekt. Er hatte eher etwas gegen Vergangenes als solches. Vergangene Dinge mochte er nicht. Auch wenn er sich manchmal danach sehnte. Oder gerade deshalb. Alte Bücher zum Beispiel, altes Geschirr, alte Dosen oder altes Spielzeug. All das, was man beispielsweise auf Flohmärkten, bei Trödelhändlern oder in Antiquariaten finden konnte. Alte Sachen bedrückten ihn. Besonders bedrückten ihn alte Ansichtskarten, aber ebenso alte Fotoalben. Er kannte Leute, die verbrachten ihre Sonntagvormittage damit, auf Flohmärkte zu gehen, oder steuerten, wo immer sie auch waren, erst einmal die Antiquariate und Trödelhändler an. Er verbrachte seine Sonntagvormittage damit, auf keinen Fall auf Flohmärkte zu gehen, schon gar nicht auf Berliner Flohmärkte. Aber auch in Paris, Wien oder Amsterdam, oder wo immer sich während einer Reise eine Gelegenheit ergeben konnte, einen Flohmarkt aufzusuchen, suchte er diesen Flohmarkt vorsätzlich nicht auf. Er blätterte nicht in alten Alben, betrachtete keine

Familienfotos mit fremden und toten Menschen darauf und besah sich auch keine Ansichtskarten mit historischen Zugunglücken, Einradfahrern oder dem halbfertig gebauten Eiffelturm.

»Der halbfertig gebaute Eiffelturm geht mir auf die Nerven«, sagte er zu Helen, die daraufhin zerstreut zurückfragte, wovon er eigentlich rede und was der halbfertig gebaute Eiffelturm mit Onkel Ernsts Familienerinnerungen zu tun habe. Offenbar hatte sie ihm nicht zugehört und an ihre Arbeit und ihre Patienten gedacht. Sie hatte immer schon die Angewohnheit, ihn aufmerksam und erwartungsvoll anzuschauen und dadurch zum Reden zu ermuntern, um ihm dann, wenn er redete, nicht mehr zuzuhören und ihren eigenen Gedanken nachzusinnen. Wobei ihr besonderes Geschick darin bestand, ihn auch in Phasen vollständiger Unaufmerksamkeit weiterhin höchst interessiert anzublicken, so daß er ihrer Unaufmerksamkeit erst gewahr wurde, wenn sie eine Rückfrage stellte oder glaubte, einen Kommentar abgeben zu müssen. Möglicherweise handelte es sich hierbei um eine Berufskrankheit, schließlich mußte sie sich den ganzen Tag auf ihre Patienten konzentrieren und besonders denjenigen, die nicht auf der Couch lagen, sondern ihr gegenübersaßen, mit einem halbwegs interessierten Gesichtsausdruck zuhören. Dafür wurde sie schließlich bezahlt, und das ziemlich gut. Wobei sie an den Patienten, die auf der Couch lagen, mehr verdiente als an denen, die ihr gegenübersaßen. Obwohl letztere wegen des dauernden Blickkontakts die anstrengenderen waren.

Er nahm seiner Frau ihre Unaufmerksamkeit allerdings nicht übel und wußte, daß sie eine Menge Verantwortung für andere Menschen übernommen hatte, denen es nicht gutging und von denen einige sogar äußerst gefährdet waren. Sollte es ihm einmal schlechtgehen, dann würde sie ihm aufmerksam zuhören, dessen konnte er sicher sein. Aber bisher hatte er sich zumeist selbst helfen können, und eine Psychoanalyse wäre für ihn nicht in Frage gekommen. Schon gar nicht bei seiner Frau, was ja geradezu verboten und als eine Art therapeutischer Inzest zu betrachten war. War man erst einmal so weit, daß man eine Psychoanalyse machen mußte, dann war die eigene Familie ein Teil der Symptomatik, und von einem Symptom kann man sich schließlich nicht behandeln lassen. Seine Familie und vor allem auch Helen aber waren kein Symptom, sondern neben der Tatsache, daß er einen Unijob hatte, einer der wichtigsten Gründe dafür, daß es ihm gutging. Bisher jedenfalls.

Um so mehr irritierte es ihn, daß die alten Familien- und Kindheitsgespenster in seine Träume zurückgekehrt waren. Der Vater mit der drohend erhobenen Armprothese. Das Gesicht der Mutter, das sich zu ihm herabbeugte und ihn zu ersticken drohte. Der Vater, der am Küchentisch saß, leichenblaß, mit erdverkrusteten Händen und Haaren, und mit der Gabel in einem Teller voller Regenwürmer herumstocherte. Die

Mutter, die ihm einen Kuß geben wollte und deren Mund sich in ein klaffendes Maul voller spitzer Zähne verwandelte.

Helen meinte, als er ihr beim Frühstück von der Mutter mit den spitzen Zähnen erzählte, daß so ein Traum völlig normal sei und ganz der Theorie von der gefräßigen Mutter bei Melanie Klein entspreche. »Normal?« fragte er zurück. »Ich wache beinahe jede Nacht schweißgebadet und vollkommen panisch auf, weil sich meine Mutter über mich beugt und mich mit ihrem Haifischmaul in Fetzen reißen oder vielleicht sogar ganz auffressen will. Was ist daran normal? Ganz abgesehen von dem Vater, der sich seit einiger Zeit angewöhnt hat, aus dem Grab zu steigen und sich an unseren Küchentisch zu setzen, um einen Teller Regenwürmer zu verspeisen.« »Der Vater ist kein Problem«, meinte Helen daraufhin, »der tut nichts, der ißt nur Regenwürmer und sucht ein wenig Gesellschaft.« Und dann sagte sie, während sie einen Joghurtbecher öffnete: »Das Problem ist die Mutter.« Stephan sagte »Aha« und »Sehr aufschlußreich« und beschloß, auch erst einmal einen Joghurt zu essen.

»Das Bild und die Vorstellung der Mutter als ein verschlingendes Wesen ist ganz normal«, fuhr Helen in einem etwas seminarhaften Tonfall fort. Dann schwieg sie, kratzte in ihrem Joghurtbecher herum und ergänzte schließlich: »Für einen Ein- bis Zweijährigen.« Für einen über Fünfzigjährigen sei es schon weniger normal, besonders dann, wenn ihn dieses Bild alptraumartig und über einen längeren Zeitraum verfolge und ihm echte Angst mache. »Die verschlingende Mutter ist in uns«, sagte sie dann noch, »aber sie macht uns keine Angst mehr.« »Mir macht sie aber Angst«, sagte Stephan daraufhin, worauf Helen erwiderte: »Eben.« »Vielleicht sollte ich doch eine Analyse machen«, sagte er, »du kannst mir sicherlich jemanden empfehlen.« »Ich kann dir die Liste geben«, erwiderte sie kühl.

Ganz offensichtlich hielt sie nichts davon, daß er eine Analyse machte. Und an einen der ihr persönlich nahestehenden Kollegen oder Kolleginnen wollte sie ihn schon gar nicht vermitteln. Obwohl sie Psychoanalytikerin war, setzte sie mehr auf praktisches Selbsthelfertum. Zumindest bei sich und ihrer nächsten Umgebung. Im privaten Bereich dachte sie nicht sehr therapeutisch oder analytisch. Sie selbst hatte ja auch keine Analyse gemacht. Von der Lehranalyse einmal abgesehen. Aber das war mehr Ausbildung als Therapie gewesen und diente der beruflichen Weiterqualifikation. Sie meinte dann auch, daß er sich selbst helfen und versuchen solle, sich mit seinen Alpträumen zu verbünden und sie als eine Art Arbeitsauftrag zu betrachten: »Nimm deine Träume als Botschaft, nicht als Krankheit. Als Botschaft, die dir sagt, daß du Kontakt aufnehmen sollst. Deine Mutter will dich nicht fressen. Sie will nur mit dir sprechen. Was nichts anderes heißt, als daß du mit ihr sprechen willst. So wie dein Vater nur mit dir am Küchentisch sitzen möchte. Was wiederum bedeutet, daß du mit ihm am Küchentisch sitzen möchtest. Dein Unbewußtes greift auf diese Bilder zurück, weil es für den Kontaktwunsch mit deiner Mutter keine anderen zur Verfügung hat. Dir beziehungsweise deinem Unbewußten fehlen die guten Mutterbilder.«

Damit hatte sie recht. Wie klug Helen manchmal war. Er stand vom Frühstückstisch auf, stellte sich hinter sie, legte seine Hände auf ihre Schultern, gab ihr einen Kuß auf das brünette, ein wenig lockige und mit einzelnen Silberfäden durchzogene Haar und sagte: »Wie klug du manchmal bist«, worauf sie erwiderte, daß sie das von ihrer Mutter habe. Das Gespräch mit Helen hatte ihm mehr geholfen, als sie vielleicht selbst ahnte. Er wußte zwar noch immer nicht, wie er zu einem guten Mutterbild kommen sollte. Aber allein die Tatsache, daß die kinderfressende Mutter in den Theorien von Melanie Klein vorkam, beruhigte ihn. Darüber hinaus hatte das Gespräch ihn in dem Vorsatz bestärkt, nach Wolhynien zu reisen. Vielleicht würde er auch nach Anatolien reisen, wo immer das war. Auf jeden Fall war es gut für ihn, sich weiterhin mit seinen Eltern zu beschäftigen. Vielleicht sogar lebenswichtig. Es würde seinem Herzen guttun und seine Zwangsgedanken vertreiben.

Er hatte sich schließlich viele Jahre nicht mehr mit seinen Eltern beschäftigt, oder nur insofern, als sie in seinem Buch vorgekommen waren. Er hatte sie zu Romanfiguren gemacht. Aber er hatte weder ihr Grab besucht noch ihre Fotos angeschaut, die er in einer Pappschachtel aufbewahrte. Andere Leute hatten die Fotos ihrer Eltern gerahmt an der Wand hängen oder auf dem Kamin oder der Kommode stehen. Er bewahrte sie in einer Pappschachtel auf. Andere Leute besuchten regelmäßig das Grab ihrer Eltern, und wenn sie es nicht jede Woche oder jeden Monat taten, dann wenigstens am Totensonntag und zu den Geburts- oder Todestagen der Verstorbenen. Stephan aber war sich nicht einmal sicher, ob er das Grab auf dem Friedhof überhaupt finden würde. Er erinnerte sich nur, daß es sich unweit der Friedhofskapelle befand.

Kein Wunder, daß ihn die Eltern in seinen Träumen aufsuchten. Andere Leute gedachten ihrer Eltern nicht nur. Sie begleiteten sie auch in den Tod. Stephan hatte niemanden begleitet. Um seinen Vater in den Tod zu begleiten, war er zu jung gewesen. Ein Zehnjähriger begleitet seinen Vater nicht in den Tod. Außerdem war sein Vater zu plötzlich gestorben. Ehe der Vater begriffen hatte, daß er krank war, war er auch schon tot. Gestorben mit vierundfünfzig und in einem Alter, das Stephan in zwei Jahren selbst erreichen würde. Um seine Mutter durch ihre Krankheit hindurch und bis in den Tod zu begleiten, war er zu feige gewesen. Oder, um es weniger drastisch zu formulieren: zu unfähig. Heute fragte er sich manchmal, was in seiner Mutter vorgegangen sein mochte, als ihr zu Bewußtsein gekommen war, daß sie nicht nur einen, sondern zwei

Söhne verloren hatte. Den einen auf der Flucht im Januar 1945 und den zweiten während ihrer Krankheit. Einen Sohn, der sich über ein Jahr lang nicht hatte blicken lassen und erst wieder an ihr Bett getreten war, als sie nur noch vierundzwanzig Stunden zu leben hatte und es nichts mehr gab, was er für sie tun konnte. Nicht einmal sprechen konnte er noch mit ihr, denn sie delirierte und war bereits in Welten, in denen es ihn, der dort am Bettrand stand, nicht mehr gab.

Allerdings hatte ihn seine Mutter in Wahrheit schon vorher verloren. Sie hatte ihn, aus welchen Gründen auch immer, schon als Kleinkind verloren. Er war ein Säugling gewesen, der keine Mutter hatte. Schon die Mutterbrust, die ihn genährt und um die er seine Säuglingslippen geschlossen hatte, empfand er als die Brust einer fremden Frau. Er saugte an einem fremden Menschen. Seine Mutter hatte zuerst ihren erstgeborenen Sohn verloren. Und dann hatte sie Stephan verloren. Stephan war vor niemandem geflüchtet, von keinem Pferdewagen gefallen und auch keiner fremden Frau aus Angst vor den Russen in die Arme gedrückt worden. Seine Mutter hatte ihn genährt, gekleidet, in die Arme geschlossen, ihm immer zur Seite gestanden und ihn trotzdem verloren.

Warum das so war, wußte er nicht. Vielleicht hatte sie ihn ein wenig zu fest in die Arme geschlossen. Zumindest manchmal. Dann aber so fest, daß er keine Luft mehr bekam. Außerdem hatte sie dabei fast immer zu weinen begonnen. Warum mußte seine Mutter weinen, wenn sie ihn in die Arme schloß? War er ein Kind, das zum Heulen war? Oder hatte seine Mutter gar nicht ihn, sondern seinen Bruder umarmt; hatte versucht, den Bruder geradezu aus ihm herauszupressen. Aber sie konnte drücken und pressen, wie sie wollte, sein Bruder blieb verschwunden. Er war nicht aus ihm herauszupressen. Das einzige, was sie mit ihren verzweifelten Umarmungen bewirkte, waren asthmatische Anfälle, unter denen er als Kind gelitten hatte. Plötzliche Atemnot. Und ein Druck in der Brust, der vom Herzen zu kommen schien und ihm angst machte.

Stephan nahm sich vor, im Sommer nach Wolhynien zu fahren. Am besten im Juli oder August. Wenn der Hopfen blühte, die Weizenfelder noch nicht abgeerntet waren und ein blauer Himmel das Land überspannte. Nach seiner Rückkehr würde er sofort mit dem Schreiben des Reiseberichts beginnen und den Herbst und Winter in der Dachgeschoßwohnung daran arbeiten. Darauf freute er sich, auch wenn er wußte, daß es nicht so einfach werden würde.

Er hatte zwar eine Familienauszeit genommen, aber seiner Arbeit an der Universität mußte er trotzdem nachgehen. Und da er keine Professur, sondern eine Ratsstelle mit Verwaltungs- und Organisationsaufgaben innehatte, gab es für ihn Präsenzpflicht am Arbeitsplatz wie für jeden anderen Büroangestellten auch. Was unbequem, aber kein Problem war. Die Arbeit war nicht so erschöpfend, als daß er nicht davor oder danach noch an seinem Reisebuch schreiben konnte. Zumal die Nachfrage nach Deutsch als Fremdsprache rückläufig war. Immer weniger Menschen wollten sozusagen immer weniger Deutsch lernen. Und eine rückläufige Nachfrage bedeutete weniger Studenten, weniger Seminare, weniger Dozenten und Lehrbeauftragte und damit weniger Arbeit für ihn, da er all dies zu organisieren und zu verwalten hatte.

Ihm sollte es recht sein. Er wollte seine Arbeit zwar gut machen, aber er hatte keinen missionarischen Eifer. Man kann auch ohne Deutschkenntnisse glücklich werden. Außerdem wußte er, daß dies ein weltweiter Trend war. Sowohl in den USA als auch in Asien und in Südamerika wollte niemand mehr Deutsch lernen. Er hatte sich anläßlich verschiedener Dienstreisen selbst von der Krise des Deutschunterrichts an einigen German Departments in Kanada und den USA überzeugen können. An einer gar nicht so kleinen kalifornischen Universität beispielsweise war das Lehrpersonal im Fach Deutsch auf einen einzigen Dozenten geschrumpft, der gerade noch ein halbes Dutzend Studenten zu betreuen hatte. Sechs Studenten saßen in einem hervorragend mit Computerarbeitsplätzen einschließlich Videoprojektor und großem Videoschirm ausgestatteten Raum und lernten Deutsch. Wobei fünf dieser Studenten Amerikaner mit hispanischer Herkunft und einer von ihnen ein Pole war, der bereits Deutsch konnte. Warum er hier saß, wußte man nicht. Auch der Dozent wußte es nicht. Warum die fünf Studenten hispanischer Herkunft hier saßen, war vor allem damit zu erklären, daß sie bereits Spanisch konnten. Ansonsten hätten sie es sicher vorgezogen, Spanisch statt Deutsch zu lernen. Alle Welt lernte Spanisch. Wer Englisch konnte, lernte Spanisch. Und wer Spanisch konnte, lernte Englisch. Und erst dann war man bereit, gegebenenfalls noch Deutsch zu lernen. Wenn man nicht lieber Französisch, Italienisch oder Portugiesisch lernte. Das war nicht nur in Kalifornien so, wo man sich ohne Spanisch ohnehin ziemlich hilflos fühlte, das war auch in Japan und in Korea so. In Südkorea. Obwohl dort lange Zeit ein echter Deutschfanatismus geherrscht hatte. Eine geradezu obsessive Bewunderung deutscher Kultur und Literatur, die so weit ging, daß ein großes Hotel im Zentrum von Seoul, wo er während einer Dienstreise einmal das Vergnügen hatte, eine Schwarzwälder Kirschtorte zu essen, den Namen Lotte führte. Hotel Lotte. Möglicherweise war das Hotel inzwischen umbenannt worden. Möglicherweise war Deutsch als Fremdsprache nur noch in Nordkorea interessant. Ansonsten handelte es sich um eine aussterbende Disziplin, und er konnte froh sein, daß seine Stelle unkündbar war.

Seine Vorfreude auf die Reise nach Wolhynien wurde ein wenig dadurch getrübt, daß er eines Tages in einer Buchhandlung am S-Bahnhof Lichterfelde West ein Buch mit dem Titel *Eine Reise nach Wolhynien* entdeckte. »Mein Buch!« hatte er gleich gedacht. Natürlich war es nicht sein Buch gewesen, aber es war immerhin sein Titel, den er nun nicht mehr benutzen konnte. Bei dem Buch handelte es sich um eines dieser Heimat- beziehungsweise Vertriebenenbücher. Es war von einem ehemaligen Wolhyniendeutschen verfaßt worden, der selbst aktives Mitglied eines wolhyniendeutschen Vereins war und schon mehrere Male Bustouren für andere Wolhyniendeutsche in die Ukraine organisiert hatte. Das mit Fotos illustrierte Buch war genau das Buch, das Onkel Ernst, der es nur zu Privatdrucken gebracht hatte, sicher gern publiziert hätte. Stephan redete sich ein, daß ihn so ein Buch weder am Reisen noch am Schreiben hindern könne. Aber es ärgerte ihn trotzdem.

Noch mehr ärgerte ihn, daß kurz darauf das Buch eines amerikanischen Autors erschien, in dem dieser ebenfalls von einer Reise nach Wolhynien berichtete, die er nach Luzk unternommen hatte, um den Geburtsort seines Großvaters aufzusuchen. Luzk – das war fast Roshischtsche. Und von Roshischtsche war es nicht weit nach Bryschtsche. Der amerikanische Autor wäre um ein Haar nach Bryschtsche gereist. Stephan redete sich ein weiteres Mal ein, daß ihn auch dieses Buch weder am Reisen noch am Schreiben hindern könne, aber der Roman des Amerikaners störte ihn doch weitaus mehr, als ihn das Buch des Hobbyschriftstellers gestört hatte, zumal es nicht nur in der Zehlendorfer Buchhandlung, sondern auch in vielen großen Buchhandlungen auslag.

Seine Lust auf die Reise verging ihm allerdings völlig, als sich die Gelegenheit ergab, in Onkel Ernsts Nachlaß Einblick zu nehmen. Nur ein paar Tage, nachdem er das Buch des Amerikaners entdeckt hatte, erreichte ihn die Nachricht, daß Onkel Ernst gestorben war. Obwohl er dem Verstorbenen nicht besonders nahestand, spürte er doch das Bedürfnis, an der Beerdigung teilzunehmen, und reiste nach Goslar.

Nach der Beerdigung und dem Kaffeetrinken in einer Gaststätte lud ihn Onkel Ernsts Sohn zusammen mit einigen anderen Beerdigungsteilnehmern noch auf einen Cognac zu sich nach Hause ein. Der Sohn und seine Frau, die beide eine Versicherungsagentur betrieben, hatten den Vater irgendwann zu sich genommen und zuletzt auch gepflegt. Wobei Onkel Ernst, obwohl er über neunzig geworden war, nur kurze Zeit ein Pflegefall gewesen sei. »Sein Hobby hat ihn geistig wach und wohl auch am Leben gehalten«, sagte sein Sohn. »Ohne Wolhynien und ohne Bryschtsche wäre er längst schon gestorben.« Er habe bis zuletzt über seinen Papieren gesessen, und eine der letzten Broschüren, die er fertiggestellt habe, widmete sich dem kirchlichen Leben in Wolhynien und speziell dem Schaffen deutscher Pastoren in den verschiedenen Kolonien. Dann hatte der Sohn Stephan gefragt, ob er Onkel Ernsts Zimmer und seinen Nachlaß sehen mochte, was er natürlich wollte. Das Zimmer befand sich im Erdgeschoß des Hauses und war eine Kombination aus Schlaf-, Wohn- und Arbeitszimmer. An der

Seite stand ein Bett, an der Wand ein Kleiderschrank, an der anderen Wand ein Bücherregal, in dem sich vor allem ordentlich beschriftete Aktenordner befanden, und in der Mitte ein Wohnzimmertisch mit vier gepolsterten Stühlen drum herum. Der Tisch hatte Onkel Ernst als Schreibtisch gedient. Einen Fernseher gab es nicht. Nur ein Kofferradio. Außerdem eine Schreibmaschine, die auf einer dunkelgrünen Filzunterlage stand und mit der Onkel Ernst anscheinend bis zuletzt geschrieben hatte. Wenn er wolle, könne er sich ein wenig umsehen, hatte ihm der Sohn gesagt. Dann wies er ihn noch auf drei Ordner hin, die mit Bryschtsche I, II und III beschriftet waren, und kümmerte sich wieder um seine Gäste. Stephan nahm die drei Ordner, die er im übrigen schon entdeckt hatte, bevor der Sohn sie ihm gezeigt hatte, und setzte sich an den Wohnzimmertisch. Neben den Texten, die er bereits kannte, hatte der Onkel auch wolhynische Erinnerungen, Erlebnis- und Reiseberichte von anderen Personen gesammelt. Darunter war ein ebenfalls mit Schreibmaschine geschriebener Bericht einer Frau, die sowohl Luzk als auch Roshischtsche und Bryschtsche besucht hatte. Der Bericht endete damit, daß sie nichts von dem wiedergefunden habe, was an eine deutsche Kolonie erinnere. Alles sei während des Krieges oder danach vollständig zerstört oder abgerissen worden. Kein einziges deutsches Gehöft sei noch zu finden gewesen, keine deutsche Kirche, keine deutsche Schule, nichts. Einzig der Friedhof sei noch vorhanden gewesen, vor den Toten hätten die Ukrainer Respekt gehabt, schrieb die Frau. Und auch die alten Ortskarten und Adressenverzeichnisse würden nicht mehr stimmen. Die Kollektivierung der Landwirtschaft habe die früheren Besitz- und Gemarkungsgrenzen vollkommen aufgehoben und zunichte gemacht, wobei es sowohl Roshischtsche als auch Bryschtsche als Orte zwar noch gebe, aber die jeweiligen deutschen Kolonien seien vollkommen verschwunden.

In dem Ordner fand sich gleich hinter dem Bericht eine Plastikhülle mit verschiedenen Fotos, die neben der Reisegruppe und zahlreichen aus dem Bus heraus aufgenommenen Landschaftsfotos mehrere Ansichten einer Plattenbausiedlung zeigten. Abgeblätterte Fassaden, mit Gerümpel vollgestellte Balkons, Mülleimer, Teppichstangen und ein paar dürre Büsche vor den Häusern. So mußte man sich also die alte Heimat vorstellen. Das also war Roshischtsche. Und wenn es nicht Roshischtsche war, dann war es Bryschtsche oder das, was Bryschtsche einmal gewesen war. Er schlug den Ordner zu und wußte, noch während er die Unterlagen wieder in den Schrank stellte, daß er auf diese Reise verzichten würde. Wegen ein paar heruntergekommener Plattenbauten brauchte er nicht in die Ukraine zu fahren. Die konnte er auch in Brandenburg oder Mecklenburg-Vorpommern besichtigen. Von Berlin gar nicht zu reden. Und Menschen, die seine Vorfahren oder gar seine Großeltern gekannt hatten, würde er dort ganz gewiß keine mehr antreffen. Er würde dort auf Ukrainer treffen, die selbst möglicherweise aus ganz anderen Gegenden stammten und sich nach dem Krieg dort angesiedelt hatten. Er würde nichts mehr finden, das noch etwas mit der Welt seines Vaters zu tun hatte, und er erinnerte sich zugleich daran, wie er einmal nach Breslau und Oppeln gereist war, um Weiterbildungskurse für polnische Deutschlehrer zu geben, und wie ihn ein junges Lehrerehepaar, das in der Nähe von Oppeln wohnte, an einem Sonntagnachmittag zu sich nach Hause zu Kaffee und Pflaumenkuchen eingeladen und ihm die Geschichte ihres Hauses erzählt hatte.

Es handelte sich um ein einfaches Bauernhaus, das einer deutschen Familie gehört habe und seit Kriegsende aufgrund welcher Umstände auch immer von einem alleinstehenden Ukrainer bewohnt worden sei. Der Ukrainer sei irgendwann zu alt gewesen, um sich noch selbst zu versorgen, und die beiden Lehrer hätten das bis dahin niemals renovierte und vollkommen verwohnte Haus dem Mann abgekauft und eigenhändig renoviert. Zu ihrer Überraschung hätten sie in dem Haus das komplette Inventar der deutschen Familie vorgefunden, die bis 1945 hier gelebt habe. Der Ukrainer habe beinahe fünf Jahrzehnte in einem deutschen Bett geschlafen, auf deutschen Stühlen gesessen, von deutschem Geschirr gegessen und auf gerahmte Familienbilder mit deutschen Tanten, Onkeln, Großmüttern und Großvätern geblickt. Nicht mal die Familienfotos habe der Ukrainer von den Wänden genom-

men. Er habe sämtlichen Wandschmuck so gelassen,
wie er war, nur ein Marienbild habe er dazugehängt.
Wobei nicht nur Möbel und Hausrat noch vollkommen erhalten gewesen seien, auf dem Dachboden habe
sich überdies ein Großteil der Kleidung der Familie gefunden sowie eine Truhe mit zahlreichen Familienpa-
pieren, Fotoalben, Briefen, Postkarten, Schriftverkehr
mit Behörden und so weiter. Das Ehepaar habe sich
anfangs wie in einem deutschen Familienmuseum gefühlt und zuerst sogar Skrupel gehabt, sich an die Ent-
rümpelung und Renovierung des Hauses zu machen.
Tagelang hätten sie beide über den Papieren gesessen,
vollkommen eingetaucht in dieses fremde Leben, in
das ja auch der Ukrainer vollkommen eingetaucht gewesen sei, der selbst außer dem Marienbild keine eigenen Spuren hinterlassen habe. Sie hätten das Haus
dann doch entrümpeln lassen, bis auf zwei Möbel-
stücke, eine Kommode und besagte Truhe, die sie für
sich behalten wollten. Die Papiere hätten sie allerdings
weiterhin aufbewahrt, sie hätten sogar versucht, die
Deutschen beziehungsweise deren Nachkommen in
Deutschland ausfindig zu machen, um ihnen die Papiere zurückzuerstatten, was ihnen aber nicht gelungen sei. Vor kurzem erst hätten sie dann endgültig alles in den Müll geworfen, wenn auch schweren Herzens. Besonders um die ledernen und liebevoll ausgestatteten Fotoalben mit den handschriftlichen und in
tintenblauer Schönschrift geschriebenen Bildunter-
schriften habe es ihnen leid getan.

Während das Lehrerehepaar erzählte, hatte Stephan gespürt, daß es auch ihm um diese Fotoalben leid tat. Und als er sich von den beiden verabschiedete, dachte er daran, daß es in seiner Kindheit solche Fotoalben nicht gegeben hatte. Man flüchtete nicht mit Fotoalben im Gepäck. Schon gar nicht aus Rußland oder aus Polen und wenn es Winter war und man die Flucht zu Fuß oder nur mit einem Handwagen antrat und zudem ein nicht mal anderthalbjähriges Kleinkind zu versorgen hatte. Das einzige Foto, das seine Eltern auf der Flucht bei sich gehabt hatten, war das Foto seines verlorenen Bruders gewesen, mit dessen Hilfe sie viele Jahre später versucht hatten, ihr Kind wiederzufinden. Stephan hätte sich gewünscht, das Lehrerehepaar hätte die Fotoalben der deutschen Familie nicht weggeworfen. Auch wenn es dies schweren Herzens und mit Skrupeln getan hatte. Doch weggeworfen war weggeworfen. Er hätte dem Lehrerehepaar aber nie einen Vorwurf gemacht, auf den es mit Recht entgegnet hätte, daß es ja nicht die Aufgabe von Polen sei, die Fotoalben von irgendwelchen Deutschen aufzubewahren. Die seien schließlich selbst daran schuld gewesen, daß sie ihr Haus und das Land hatten verlassen müssen. Die Deutschen hätten bestialisch gemordet und zerstört, da könne man als Pole ja wohl ein paar deutsche Fotoalben wegwerfen. Bei aller Einsicht in diesen Standpunkt, gegen den nicht das Geringste vorzubringen gewesen wäre, schmerzte ihn dennoch die Tatsache, daß die beiden Lehrer sich am Ende für das

Wegwerfen entschieden und nicht ein wenig Platz auf ihrem Bücherregal oder dem Dachboden frei gemacht hatten. Nicht einmal der Ukrainer hatte die Fotoalben weggeworfen. Allerdings hatte der Ukrainer ja gar nichts weggeworfen, und es war nicht sicher, ob das nun für oder gegen ihn sprach. Wahrscheinlich sprach es mehr gegen als für ihn, denn es ist anzunehmen, daß der Mann ein durch und durch, wenn nicht verwahrloster, so doch gleichgültiger und entwurzelter Mensch gewesen war.

Stephan war, nachdem das Lehrerehepaar ihn mit dem Auto zurück in den Ort gebracht und auf dem Marktplatz abgesetzt hatte, regelrecht traurig geworden wegen des Lehrerehepaars, wegen der Fotoalben und auch wegen des Ukrainers. Und er hatte sich, während er über den Rynek genannten Marktplatz gegangen war, beinahe selbst wie ein Mensch auf einem alten Foto gefühlt. Wie ein Mensch aus Oppeln auf einem alten Foto. Und es war ihm, nachdem er sich einige Zeit auf dem Marktplatz aufgehalten und die Passanten und Ladenbesitzer beobachtet hatte, die vor die Tür ihres Geschäftes traten und nach Kundschaft Ausschau hielten, beinahe normal vorgekommen, daß einer dieser Ladenbesitzer aussah wie einer seiner Onkel. Er hatte viele Onkel, denn seine Mutter hatte ein Dutzend Geschwister gehabt, und das wortwörtlich. Und er hatte demzufolge zwölf Tanten und Onkel mütterlicherseits, von denen einige gestorben beziehungsweise im Krieg gefallen waren, andere aber noch lebten. Wenn er dann noch die Onkel und Tanten väterlicherseits hinzurechnete, deren Anzahl er jedoch nicht genau wußte, weil ihm nie jemand gesagt hatte, mit wie vielen Geschwistern sein Vater eigentlich aufgewachsen war, dann wäre er, wenn der Krieg nicht gewesen wäre, wahrscheinlich auf circa zwanzig Onkel und Tanten gekommen. Aber auch so war noch ein gutes Dutzend übriggeblieben, also vielleicht sechs Onkel und sechs Tanten, die er allerdings schon viele Jahre nicht mehr gesehen hatte – und plötzlich schien einer von ihnen auf dem Oppelner Marktplatz aus seinem Geschäft für Strickwaren herauszutreten und ihn so vertraut anzuschauen, daß er seinen ganzen Realitätssinn aufbieten mußte, um sich dem Mann nicht in einem Anfall von Familiensehnsucht an den Hals zu werfen.

Da Stephan in einem Hotel untergebracht war, das direkt an einer der Oderbrücken lag, hatte er seinen Spaziergang noch ein wenig ausgedehnt. Er war auf die andere Seite des Flusses gegangen, wo man auf dem Deich spazieren und sowohl über den Fluß in die etwas höher gelegene Stadt hinein als auch hinaus auf das mit bescheidenen Einfamilienhäusern bebaute Land schauen konnte. Es war ein sonniger Tag gewesen, und die Abendsonne hatte die Stadt und das Land in ihr mildes Licht getaucht. Die meisten Menschen waren in ihren Gärten beschäftigt, in die man vom Deich aus einen guten Einblick hatte. Es waren Nutzgärten, mit wenigen Blumen und viel Gemüse, mit

Schuppen voller Gerümpel und gelegentlich einem Kaninchenstall. Und in all diesen Gärten sah er Männer und Frauen arbeiten oder auch, mit einem Nachbarn redend, am Zaun stehen, die ihm so vertraut vorkamen, als würde er sie seit seiner Kindheit kennen.

An diesem Abend auf dem Oppelner Marktplatz und auf dem Oderdeich hatte Stephan eine enorme Sehnsucht nach seinen Onkeln und Tanten samt ihren Kaninchenställen und unaufgeräumten Schuppen gehabt, was natürlich eine völlig unsinnige Sehnsucht gewesen ist, da er seiner Verwandtschaft immer aus dem Weg gegangen war. Selbst seinem Patenonkel, der ein Royal-Enfield-Motorrad mit Beiwagen fuhr und dazu eine Lederkappe trug, was ihn besonders für den Onkel hätte einnehmen können, war er aus dem Weg gegangen. Er hatte seine Verwandten nicht besucht, er hatte ihnen nie geschrieben, angerufen hatte er sie auch nicht, und er hatte auf alle ihre Versuche, mit ihm Kontakt zu halten, mit Schweigen reagiert, so daß sie diese Versuche irgendwann aufgegeben hatten. Hätten nicht Gerda und Waltraut ihrerseits die Familienkontakte und speziell die zu den Onkeln und Tanten und den jeweiligen Cousins und Cousinen gepflegt und ihn zumindest indirekt über sie auf dem laufenden gehalten und die Verwandten auch über ihn, dann wäre er nun ein wurzelloser und genealogisch vollkommen isolierter Mensch ohne jegliche Verwandtschaft – von seinen Schwestern einmal abgesehen. Dann wäre er das in seiner Familie, was der Ukrainer in Oppeln gewesen war.

II

Als Stephan nach der Rückkehr von Onkel Ernsts Beerdigung Helen von seinem Entschluß erzählte, nicht
nach Wolhynien zu reisen, weil er sicher sei, dort nichts
zu finden, was ihn oder seine Herkunft angehe, meinte
sie, daß nichts zu finden doch auch eine wichtige Erfahrung sein könne. »Im Prinzip hast du recht«, sagte
er, »aber um die Erfahrung zu machen, daß mich etwas nichts angeht, brauche ich nicht in die Ukraine zu
reisen, sondern kann genausogut nach Neustadt an
der Dosse fahren.« »Niemand verlangt von dir, daß du
in die Ukraine reist, ich am allerwenigsten«, sagte
Helen daraufhin, die eine gewisse Verspanntheit aus
seiner Antwort herausgehört hatte.
Sie hatte insofern richtig gehört, als er nicht nur wegen
des Reiseberichts aus Onkel Ernsts Ordner keine Lust
mehr hatte, nach Wolhynien zu reisen. Er hatte auch
keine Lust mehr auf die Reise, weil er während der
Rückfahrt von der Beerdigung den Roman des Amerikaners zu Ende gelesen hatte. Die erste Lektüre hatte
er irgendwann unterbrochen, nun aber doch weiterge-
lesen, und es hatte sich herausgestellt, daß der Amerikaner seinen Roman mit genau der Pointe hatte enden
lassen, die auch seine sein würde: die Suche nach der
Herkunft war vollkommen ergebnislos geblieben. Kein

Ursprung, keine Wurzeln – nur Plattenbauten, sonst nichts.

»Wo liegt eigentlich Neustadt an der Dosse?« hatte ihn seine Frau dann noch gefragt, und er hatte geantwortet: »Richtung Hamburg, gleich hinter Spandau«, worauf sie vorschlug, doch mal einen Ausflug dorthin zu machen, worauf er wiederum sagte, daß ihm ihre Ironie eine Spur zu subtil sei und er lieber einen gänzlich unironischen Vorschlag machen wolle. Und zwar: »Wir fahren nach Ägypten.« »Zusammen?« fragte Helen, die sofort verstanden hatte, daß er es ernst meinte, »trotz deiner Auszeit?« »Ich mache eine Auszeit von der Auszeit«, sagte Stephan. Helen war einverstanden, auch wenn sie ihn noch einmal fragte, ob er seine Auszeit wirklich mit einer gemeinsamen Reise verwässern wolle. Aber schließlich sei sie ja nicht seine Therapeutin, und nach Ägypten habe sie genauso wie er schon lange einmal gewollt. Er sagte: »Wunderbar. Wir fahren noch in diesem Frühjahr.«

Im Sommer würde es viel zu heiß sein, was er sich und seinem Herzen nicht zumuten wollte. Obwohl es ihm seit einiger Zeit besser ging, sein Stolperherz nur noch gelegentlich einen Hüpfer machte und ihm auch im Brustraum wieder etwas leichter geworden war. Jetzt war es Anfang März, und er wäre am liebsten sofort gereist, aber sie einigten sich auf die Osterpause. Er würde zehn Tage Urlaub nehmen, und Helens Patienten wußten, daß sie über Ostern immer eine vierzehntägige Pause machte. Seine Frau machte öfter im Jahr eine vierzehntägige Pause. »Das muß sein«, pflegte sie zu sagen, wenn er sich gelegentlich darüber verwundert zeigte, daß sie sich schon wieder in einer vierzehntägigen Arbeitspause befand. Sie war der Meinung, daß eine regelmäßige Abstinenz von der therapeutischen Arbeit geradezu Pflicht eines verantwortungsbewußten Analytikers sei. Ausgebrannte oder von ihren Patienten abhängige Analytiker gebe es ohnehin schon zu viele, und diese würden nicht nur sich, sondern auch ihren Patienten schaden. Das wußte sie aus den Supervisionen, die sie regelmäßig im Auftrag ihres Verbandes oder der Senatsverwaltung durchführte. Ihm war es recht. Er mischte sich in ihre Arbeit nicht ein. Finanziell war es insofern kein Problem, als sie mit ihrer Supervisionstätigkeit und gelegentlichen Fortbildungsveranstaltungen ziemlich viel hinzuverdiente. Und wenn sie nicht arbeitete, dann hatte sie mehr Zeit, sich um den Garten, das Haus und um die Töchter zu kümmern.

Er buchte noch während der nächsten Tage die Reise. Es gab zahlreiche Reiseveranstalter, die Ägyptenreisen anboten. Nachdem der Ägyptentourismus wegen des Anschlags auf dem Vorplatz des Hatschepsuttempels eine Zeitlang stagniert hatte, reiste man wieder nach Ägypten. Wobei es bei den Angeboten der Reiseveranstalter immer auf die Kombination Kairo plus Luxor plus Assuan hinauslief. Wenn man nicht ans Rote Meer fahren und tauchen wollte. Oder aber eine Kreuzfahrt auf dem Nil machen, was allerdings auch auf die

Kombination Kairo plus Luxor plus Assuan hinauslief. Eine Nilfahrt wollten sie nicht machen. Die Vorstellung, eine Woche in einer Schiffskabine eingesperrt
zu sein, behagte ihnen nicht. Er buchte drei Tage Kairo
und sieben Tage Luxor. Das hieß: sie würden in Kairo
die Pyramiden und das Ägyptische Museum, in Luxor
das Tal der Könige, den Hatschepsuttempel und die
Tempel von Karnak besichtigen. Das mußte reichen.
Nach Assuan konnten sie immer noch fahren. Als Un-
terkunft hatte er das Mena House Hotel in Gizeh und
einen Bungalow auf einer Nilinsel gebucht, die außerhalb von Luxor lag und einem Schweizer Hotelkon-
zern gehörte. Die Insel hatte man ihnen als besonders
ruhig und abgeschieden empfohlen. Und das Mena
House Hotel gehörte zum Pflichtprogramm des Ägyp-
tenreisenden, obwohl es ein ziemlich kostspieliges
Pflichtprogramm war.

Die Zeit bis zur Abreise verbrachte er unter anderem
damit, über ein neues Projekt nachzudenken. Er hatte
verschiedene Ideen, und wäre er ein Akademischer
Rat mit Ambitionen gewesen, dann hätte er sich statt
irgendwelcher literarischer Vorhaben seinem Fach
Deutsch als Fremdsprache zugewandt, das ja in stän-
digem Wandel war. Über die Krise des Deutschen als
Fremdsprache hätte er allerdings nicht schreiben wollen. Außerdem war ihm gerade ein englisch-amerika-
nischer Sammelband mit dem Titel *The Decline of the
German Studies* in die Hände gekommen, in dem

diese Krise ausführlich gewürdigt wurde. Aber abgesehen davon gab es einige neuere Entwicklungen, die ihn zu schriftlichen Beiträgen gereizt hätten. Dazu gehörte die in Österreich geplante Einführung dessen, was sich ÖDaF nannte. Österreichisches Deutsch als Fremdsprache. Allerdings gab es hier massive Einwände von westösterreichischer Seite, da das Österreichische von den Westösterreichern als identisch mit dem Wienerischen beziehungsweise Ostösterreichischen angesehen wurde und eine Einführung des Österreichischen Deutsch als Fremdsprache faktisch auf eine Einführung des Wienerischen beziehungsweise Ostösterreichischen Deutsch als Fremdsprache (OöDaF) hinausliefe, was sich kein Westösterreicher gefallen lassen wollte.

Eine zweite Neuerung war das Seniorenstudium. Immer weniger nichtdeutschsprachige junge Menschen und immer mehr nichtdeutschsprachige ältere Menschen besuchten Kurse in Deutsch als Fremdsprache. Entweder um selbst Deutsch zu lernen beziehungsweise das eigene Deutsch zu verbessern oder aber um sich als nebenberufliche Kursleiter ausbilden zu lassen. Das war auch an der Freien Universität so und mußte natürlich didaktisch und administrativ berücksichtigt werden. Und drittens gab es nun den in Fachzeitschriften und auf Tagungen zunehmend thematisierten Bereich *DaF* und *Gender*. Doch hierzu sollten sich lieber die anderen Dozenten und Lehrbeauftragten äußern. Stephan war meinungslos. Er war schon vor zwanzig Jahren meinungslos gewesen, als im internen Schriftverkehr des Instituts die Praxis eingeführt wurde, an alle möglichen Worte ein *Innen* anzuhängen. DozentInnen. SeminarteilnehmerInnen. Damals hatte er sich nicht eingemischt. Heute würde er sich erst recht nicht einmischen. Das Problem *DaF* und *Gender* war seines Erachtens eine genderinterne Angelegenheit. Er betrachtete sich aber nicht als genderintern. So wie ÖDaF einen österreichinternen Bereich berührte und er sich ja auch nicht als österreichintern betrachtete. Blieb noch das Seniorenstudium. Die Probleme, die das DaF-Seniorenstudium mit sich brachte, wären gewiß einmal einen Aufsatz wert gewesen, wenn man nur an die abnehmende Hör- und Sehfähigkeit von älteren Menschen dachte. Er neigte allerdings bei dem Thema Seniorenstudium generell zu einer gewissen polemischen Voreinstellung und tat also gut daran, sich nicht zu äußern. Er tat insgesamt gut daran, sich nicht zu äußern. Er wollte zwar nicht Akademischer Oberrat werden, aber Akademischer Rat wollte er auf jeden Fall bleiben. Sollten die Jüngeren sich streiten. Er würde sich lieber raushalten und weiterhin das tun, was er schon seit Jahren tat: schweigen und verwalten.

Und er würde sich um seine Gesundheit kümmern. Er nutzte die Zeit bis zur Abreise nach Ägypten, um seinen Kreislauf zu trainieren. Statt wie bisher am Teltowkanal nur spazierenzugehen, begann er das Gehen zu beschleunigen und gewöhnte sich bald daran, einen größeren Teil der Strecke zu traben. Joggen im eigentlichen Sinne wollte er nicht, er wußte aus früheren Laufversuchen, daß seine Kniegelenke dagegen rebellierten. Aber schnelles Gehen und ein nicht zu schneller Trab taten ihm gut und brachten ihn zugleich ins Schwitzen, ohne daß er sich allzu erschöpft fühlte und ihn sein Herzschlag ängstigte. Er startete immer direkt von seiner Dachgeschoßwohnung aus und trabte dann am Klinikum und am Landeplatz des Rettungshubschraubers vorbei bis zur Bäkebrücke, machte ein paar Dehnübungen am Brückengeländer und trabte weiter durch den Lilienthalpark bis zum Lilienthaldenkmal. Hier unterbrach er ein weiteres Mal, machte erneut einige gymnastische Übungen und besah sich dabei den bronzenen, mit Grünspan bedeckten geflügelten Knaben, der vollkommen nackt und durchaus ansehnlich war. Wenn man sich dicht vor den hohen Sockel des Denkmals stellte, um die Inschrift zu lesen, dann sah man den Knaben von unten. Man hatte, um genau zu sein, eine Unteransicht der Knabenhoden über sich, über denen wiederum ein noch sehr knabenhafter Penis hervorlugte. Ganz rührend eigentlich, irgendwie niedlich, hatte er manchmal gedacht, wenn er dort hinaufsah. Und wenn er eine Neigung zu Knaben gehabt hätte, dann wäre das Lilienthaldenkmal durchaus ein guter Ort gewesen, dieser Neigung zu gedenken. Natürlich sollte hier nicht der Knabenliebe gedacht werden, sondern dem Erfinder des Fliegens oder, mit den Worten der Denkmalsinschrift: *Dem Va-*

ter des Menschenfluges. Die Inschrift gefiel ihm, auch wenn sie dazu verführte, das Wort *Menschenflug* wörtlich zu nehmen. Oder gerade deshalb.

Eine Woche vor der Abreise nach Ägypten fühlte er sich gesund und leistungsfähig wie lange nicht mehr. Er freute sich auf die Reise und war fast schon ein wenig ungeduldig, zumal ihm die Auszeit mit dem regelmäßigen Training am Kanal physisch zwar guttat, er sich aber sonst in seiner Dachwohnung eher gelangweilt und die Abende zumeist mit Fernsehen oder irgendeiner Büroarbeit verbracht hatte. Da er an Selbstfindung nicht glaubte, war er auch nicht besonders enttäuscht, daß diese sich nicht einstellen wollte. Allerdings konnte er nicht leugnen, daß ihm sein ruhiger Alltag auf die Nerven zu gehen begann. Er sehnte sich nach den Störungen des ehelichen Alltagslebens. Und er hatte bereits einmal mit aller Vorsicht seiner Frau gegenüber geäußert, daß er sich vorstellen könne, seine Auszeit ein wenig abzukürzen. Sechs Monate Auszeit würden ihm möglicherweise auch genügen, um zu sich selbst zu finden, woraufhin seine Frau aber meinte, er solle die Chance der Auszeit nicht ungenutzt verstreichen lassen, eine zweite Midlifekrise würde es erfahrungsgemäß nicht geben und nach diesem Jahr würde er mehr über sich wissen als vorher. Was immer das auch sei. Welche Chance? hatte er daraufhin gedacht. Die Chance, jeden Abend allein vor dem Fernseher zu sitzen und auf das Wochenende zu warten, um endlich wieder etwas Familienleben zu haben? Aber er hatte nichts dergleichen gesagt, und vielleicht hatte seine Frau ja recht: Möglicherweise lernte er gerade, daß nicht die Ehefrau oder die Familie ihn von sich abhielt. Es war vielmehr so, daß er selbst nicht allzuviel mit sich anfangen konnte. Und die Selbständigkeit, von der er sich soviel versprochen hatte, das aus dem Haus Gehen, ohne Bescheid zu sagen, das nicht für andere einkaufen Müssen, das durch Berlin Streunen wie zu Studentenzeiten und auch mal eine halbe Nacht in der Kneipe herumzusitzen oder in zwei Kinofilme nacheinander zu gehen – all das erwies sich jetzt als reizlos für ihn.

Anfangs hatte er es sogar versucht. Hatte sich nach Büroschluß aufs Fahrrad gesetzt und war nach Schöneberg und Tiergarten, nach Kreuzberg und Charlottenburg und sogar in den Wedding geradelt. Schließlich hatte er überall schon einmal gewohnt, lebte mittlerweile schon fast vier Jahrzehnte in der Stadt und konnte die verschiedensten Abschnitte seiner Lebensgeschichte auf dem Berliner Stadtplan zusammensetzen. In einigen Gegenden war es ihm gutgegangen, in anderen weniger gut. In seinem Untermieterzimmer in der Charlottenburger Mommsenstraße war er vor allem einsam gewesen, im Wedding, dessen Tristesse nicht zu überbieten war, hatte er sich wiederum gar nicht so schlecht gefühlt. Aber das mochte an dem besetzten Haus gelegen haben, in dem er gewohnt hatte, einschließlich einer speziellen Hausbesetzerin mit Stoppelhaaren und Tigerfellhose, die noch nicht ahnen konnte, daß er einmal ein Akademischer Rat werden würde. Und auch an der Tatsache, daß er dort keine Miete zu zahlen hatte. An Kreuzberg, wo er in einer Ladenwohnung gewohnt hatte, mit Blick auf den Landwehrkanal und die darüber gebaute Hochbahn, und wo er von Sozialhilfe lebte, wie sich das für einen echten Kreuzberger gehörte, dachte er auf eine Weise zurück, wie sein Vater möglicherweise an Bryschtsche zurückgedacht hatte, so unendlich weit entfernt schien die Kreuzberger Zeit von seinem jetzigen Leben zu sein.

Doch nirgendwo hatte sich nun, als er mit dem Fahrrad seine alten Gegenden aufsuchte, ein Gefühl von Vertrautheit oder gar vergangener Heimatlichkeit eingestellt, ganz gleich, ob es ihm an dem jeweiligen Ort gut- oder weniger gutgegangen war. Er fand nichts von sich wieder, weder im Wedding noch in Charlottenburg oder sonstwo. Dabei wäre er während dieser Radtouren gern ein wenig melancholisch geworden. Hätte gern, nachdem er sein Rad neben dem Hauseingang des Tiergartener Gründerzeithauses abgestellt hatte und zuerst durch den Innenhof und dann ein paar Stufen die Treppen des Seitenflügels hochgegangen war, ein wenig von diesem wärmenden Erinnerungsschmerz verspürt, der einen manchmal überkommen konnte. Doch da war kein Erinnerungsschmerz, und schon gar kein wärmender. Bloß Fremdheit hatte er gespürt und eine Art kaltes, statistisches Erinnern: Ja, hier hast du von 1975 bis 1978 gelebt. Diese Treppe bist du hinaufgegangen, auf dieses eiserne Treppengeländer hast du damals deine Hände gelegt.

Irgendwann hat er seine Erinnerungstouren wieder aufgegeben, war lieber ziellos durch die Stadt und auch gelegentlich in den Ostteil der Stadt gefahren, den er wie ein Tourist durchstreifte, ohne der Gefahr ausgesetzt zu sein, hier einem Ort zu begegnen, mit dem sich auch nur die geringste biographische Erinnerung verband. Von Orten wie der nun Tränenpalast genannten Abfertigungshalle an der Friedrichstraße, dem Grenzübergang an der Bornholmer Straße oder der Oberbaumbrücke einmal abgesehen. Aber das waren Erinnerungen, die viele gemacht hatten. Beinahe jeder hatte die gleiche Beklommenheit beim Durchqueren oder Überschreiten dieser Orte gespürt. Wenn überhaupt, dann fand er seinen Erinnerungsschmerz am ehesten in der unmittelbaren Gegenwart und an Orten, die mit seiner Vergangenheit nicht das geringste zu tun hatten. Wenn er sich beispielsweise beim Betrachten eines Frachtschiffs von der Bäkebrücke aus als jemanden betrachtete, der hier einst gestanden und ein Frachtschiff betrachtet hatte. Dann konnte er sich bedauern und auch melancholisch werden, und natürlich betrachtete er auch sein ganzes, noch längst nicht abgelaufenes Jahr in der Dachgeschoßwohnung bereits aus dem Blickwinkel der Vergangenheit. Daß ihm auf diese Weise das Leben entglitt, ahnte er wohl, aber er wußte auch, daß er nicht der erste und einzige war, dem es auf diese Weise entglitt.

Wenn Goethe allerdings recht hatte mit seinem Wort *Der Augenblick nur entscheidet über das Leben des Menschen und über sein ganzes Geschicke*, das Stephan sich zur Mahnung über seinen Dienstschreibtisch geheftet hatte, dann war über sein Leben bisher schlecht entschieden worden. Doch man sucht sich sein Geschick ja schließlich nicht aus, und anscheinend herrschte über Menschen, die so empfanden wie er, die Macht der Zeitlichkeit so stark, daß jeder Moment ihres Lebens unerbittlich in die Vergangenheit gerückt wurde. Der Augenblick verweilte nicht, von wenigen Ausnahmen abgesehen, und oft genug litt er darunter. Aber viel öfter machte ihm zu schaffen, daß er den Augenblick, wenn er denn doch einmal verweilte, nicht zu nutzen wußte.

Stand die immer schneller in die Vergangenheit gedrückte Gegenwart einmal still, dann vertrieb er sie. So wie er auch jetzt nicht mehr abwarten wollte, weder die Monate bis zum Ende seiner Auszeit noch die Wochen bis zur Abreise nach Ägypten. Letztere schlug er geradezu tot, und außer daß er ins Büro ging und seine Arbeit machte, brachte er nichts zustande. Er hatte weder Lust zu lesen noch irgend etwas zu schreiben und war bald vom vielen Zeittotschlagen und trotz seiner sportlichen Bemühungen so nervös, fahrig und unzufrieden, wie er es vor seiner Auszeit auch schon gewesen war.

Er war eben einfach urlaubsreif, redete er sich ein und begann mit dem Packen der Koffer schon so früh, daß er irgendwann die Hemden wieder aus dem Koffer nehmen mußte, weil er sie in Berlin noch brauchte. Drei Tage vor der Abreise und als er ein weiteres Mal dabei war, die immer gleichen Hemden zu waschen, zu bügeln und für die Reise zusammenzufalten, teilte ihm Helen mit, daß es Ruth nicht gutgehe. Ruth studierte an einer Düsseldorfer Fachhochschule Textildesign, hatte einen festen Freund, kam nur selten nach Hause, war immer ehrgeizig und zugleich pragmatisch eingestellt und schien ein Mensch zu sein, um den man sich keine Sorgen zu machen brauchte. Nun hatte sie ihre Mutter angerufen und mitgeteilt, daß es ihr nicht gutgehe und daß sie daran denke, das Studium abzubrechen, obwohl sie kurz vor dem Diplom stand.

Helen überredete Ruth, das Studium vorerst nicht abzubrechen, sondern nur eine Pause einzulegen und so schnell wie möglich nach Berlin zu kommen. Ihren Freund könne sie natürlich mitbringen, wenn sie wolle. Ruth stimmte zu, allerdings wollte sie ihren Freund auf keinen Fall mitbringen, sie wußte auch nicht, ob er überhaupt noch ihr Freund war. Sie seien zwar nicht getrennt, aber zusammen seien sie auch nicht mehr. »Hauptsache, du kommst so schnell wie möglich nach Hause«, hatte Helen ihr daraufhin gesagt, worauf Ruth beschlossen hatte, schon am übernächsten Tag anzureisen.

Der übernächste Tag, das war ein Tag vor der Abreise nach Ägypten. Natürlich konnte es keine Diskussion darüber geben, ob sie die Reise antreten sollten oder nicht. Ging es ihrem Kind schlecht, dann reisten sie nicht. Stephan sagte Helen, daß er die Reise sofort stornieren würde, worauf sie sagte, daß er sich doch so sehr auf die Reise gefreut habe. »Und was willst du damit sagen?« fragte er zurück. »Du reist allein«, erwiderte sie, »und ich kümmere mich um Ruth.« »Auf keinen Fall«, sagte er, »ich kümmere mich auch um Ruth.« »Zwei Patienten sind mir aber zuviel«, sagte seine Frau daraufhin. »Seit wann bin ich ein Patient für dich?« fragte er irritiert zurück, worauf sie sagte, daß er nicht gleich beleidigt sein solle. Darüber sprächen sie ein anderes Mal. Sie sei trotzdem der Meinung, daß er allein reisen solle. Er sagte: »In Ordnung, ich storniere vorerst nicht und warte ab, bis Ruth bei uns ist. Dann sehen wir weiter.«

Als er Ruth wiedersah, hatte Helen den ersten Schock bereits überwunden: Ruth schien nur noch halb so viel zu wiegen wie beim letzten Mal, als sie zu Hause war, und das mußte vor ungefähr vier Monaten gewesen sein. Sie war zwar schon immer, wie seine Frau und wie Julia auch, schlank gewesen. Aber nun war sie regelrecht dürr und abgemagert. Ihr Gesicht war schmal und beinahe durchsichtig, ihre Schultern ganz eckig, die Handgelenke standen hervor, und selbst ihre Beine waren dünner geworden. Helen hatte gleich einen Verdacht auf irgendeine Form von Eßstörung gehabt und Ruth gegenüber auch geäußert, Ruth aber meinte nur, daß sie sich gar nicht besonders dünn fühle. Ihr Problem sei nicht das Gewicht, sondern das Studium.

Helen hatte darauf nichts gesagt, Stephan aber in einem Gespräch unter vier Augen davon überzeugt, daß sie nicht innerhalb der Familie an Ruth herumlaborieren sollten, sondern sofort professionelle Hilfe beschaffen müßten. Und daß es besser sei, wenn sich einer um sie kümmere, und nicht zwei.

Warum das nun besser sei, sagte sie zwar nicht, aber Stephan begriff, daß es hier auch um die Intimität zwischen Mutter und Tochter ging und daß er nun, da es ein Problem gab, eben doch nur der Stiefvater war, das heißt ein fremder Mann, der sich in diese Intimitäten nicht einmischen sollte. Das hatte er zu akzeptieren. Aber es kränkte ihn trotzdem. Er hatte seine beiden Töchter, die er auch weiterhin nicht Stieftöchter nennen wollte, erst kennengelernt, als sie beinahe erwachsen waren, und er durfte sich nicht einbilden, mehr für sie zu sein als der Lebensgefährte ihrer Mutter, zumal beide auch noch regelmäßigen Kontakt zu ihrem leiblichen Vater hatten. Natürlich hätte er sich mehr Nähe zu seinen Töchtern gewünscht. Er hätte sich eine wirkliche Kompensation seiner eigenen Kinderlosigkeit gewünscht: zwei Töchter, die zärtlich zu ihm waren und unbedingtes Vertrauen zu ihm hatten. Aber die beiden waren nicht zärtlich zu ihm. Sie waren freundlich. Manchmal auch nur höflich. Und wenn er sie mit einem Wangenkuß begrüßen wollte, dann gaben sie ihm die Hand. Auch jetzt war Ruth eher höflich als freundlich gewesen, und er machte ein weiteres Mal die Erfahrung, die er früher schon

öfter gemacht hatte: daß er störte, wenn es ernst wurde.

Stephan gab nach und reiste allein nach Ägypten. Der
Flug nach Kairo dauerte nicht mal so lang wie ein Flug
auf die Kanaren, wo sie einige Male gewesen waren.
Zum Wandern auf La Palma. La Palma war, von der
Vegetation und Vulkanlandschaft einmal abgesehen,
immer so etwas wie ein Heimspiel gewesen. Das Haus,
das sie gemietet hatten, gehörte einem Rechtsanwalt
aus Konstanz, und der Arzt in Los Llanos, der ihm mit
homöopathischer Medizin gegen eine aus Deutschland mitgebrachte und trotz Antibiotika hartnäckige
Ohrenentzündung geholfen hatte, stammte aus Berlin-
Friedenau. Auch die zahlreichen Bananenplantagen
mit den schmutziggrauen Zementmauern ließen mehr
an Baustofflager als an exotische Vegetation denken.
Erst die Autofahrten durch das gewundene Barranco
de las Angustias sowie die Aufstiege auf einen der vul-
kanischen Höhenkämme, wo den Wanderer plötzliche
Stürme, schwere Regengüsse und unerwartete Nebel-
fronten überraschen konnten, brachten ein wenig Exo-
tik und Unberechenbarkeit in die Inselaufenthalte.
Ägypten dagegen war trotz des massenhaften Touris-
mus alles andere als ein Heimspiel. Das merkte er
schon auf dem Flughafen und in der Warteschlange
vor der Paßkontrolle, wo er seine Zeit mit der Lektüre
einer Warntafel verbrachte, auf der in schlichter Büro-
kratensprache Drogenschmugglern mit Tod durch Er-

hängen gedroht wurde. Er durchsuchte reflexartig seine Hosen- und Jackentaschen. Man konnte ja nie wissen. Auf der anderen Seite wartete bereits ein Fahrer der Reiseagentur. Nun machte sich die Buchung einer Pauschalreise einschließlich sogenannter Transferleistungen bezahlt. Er brauchte sich um nichts zu kümmern und setzte sich zu einigen anderen Reisenden in einen Kleinbus, der von einem fließend Deutsch sprechenden Fahrer gesteuert wurde. Alle anderen wurden in der Innenstadt abgesetzt, er war der einzige, der bis nach Gizeh und ins Mena House Hotel gefahren wurde.

Die Fahrt in die Stadt ging über Stadtautobahnen, die von Mietskasernen gesäumt waren und so dicht an den Häusern vorbeiführten, daß man versucht war, nach den Balkonpflanzen zu greifen, sofern es welche gab. Die Transferstrecke war trostlos. Alles sah nach Peripherie und nach dem aus, was die Biologen Ruderalgelände nannten: Schutthaufen, Abfallberge, Baubrachen und von Unkraut überwucherte Eisenbahntrassen. Eine Innenstadt schien es gar nicht zu geben. Es sei denn, man hätte dieses beinahe idyllische Gebiet mit den kleinen Häuschen, schmalen Straßen und einer gelegentlichen Moschee darauf, das die Stadtautobahn über eine längere Strecke passierte, als Innenstadt betrachtet. Hätten sich seine Mitreisenden nicht gleich darüber verständigt, daß es sich hierbei um einen der alten Stadtfriedhöfe Kairos handelte, in dessen mit elektrischem Strom und zum Teil auch fließendem Wasser ausgestatteten Grabhäusern sich seit längerem schon wohnungslose Kairoer angesiedelt hatten, dann wäre er ohne weiteres auf die Täuschung hereingefallen. So blieb ihm nur ein kurzer Moment der Verblüffung über eine so friedliche, autofreie, fußgängerfreundliche Innenstadt. Spätestens auf der großen Niluferstraße, wo der Kleinbus im Stau steckenblieb und sich im Schleichtempo aus der Stadt heraus in Richtung Gizeh bewegte, wäre er ohnehin eines Besseren belehrt worden.

Nicht nur der Stau, auch der Lärm und die Hitze, die man durchaus für Sommerhitze hätte halten können, hatten ihm zu schaffen gemacht. Als er am Hotel ankam, fühlte er sich nicht gut. Er atmete schwer, und sein Herz pochte heftiger, als es pochen sollte. Zum Glück war sein Zimmer genau so, wie er es reserviert hatte, und er mußte sich nicht, was auf seinen Dienstreisen beinahe zur Routine gehörte, erst einmal beschweren und dann das Zimmer wechseln, weil es nicht dem entsprach, was er reserviert hatte oder für halbwegs tolerabel erachtete. Hier bezog er nun ein geräumiges Doppelzimmer mit Blick auf die Pyramiden. Genauer: mit Blick auf eine der Pyramiden. Sie hatte eine abgebrochene Spitze, und es mußte die Cheopspyramide sein.

Er hatte einen Reiseführer dabei sowie ein Geoheft über Ägypten. Außerdem ein illustriertes Taschenbuch von Rainer Maria Rilke mit dem Titel *Reise nach Ägypten* sowie Sigmund Freuds *Traumdeutung*. Er kannte die *Traumdeutung* nicht, hatte das Buch nie gelesen, obwohl es ein Klassiker war. Gerade war es wegen irgendeines Jubiläums neu herausgekommen und in allen Zeitungen noch einmal präsentiert worden. Er dachte sich, daß es zu einer Ägyptenreise paßte. Und schließlich war Freud doch auch selbst in Ägypten gewesen. Das hatte er zumindest geglaubt, das heißt, er war felsenfest davon überzeugt gewesen und hatte kurz vor seiner Abreise und vor den Augen seiner Tochter Ruth, die ja im Moment ganz andere Sorgen hatte, sogar einen Ehekrach deswegen ausgelöst.

Wobei er im Gespräch mit Helen nicht nur darauf bestanden hatte, daß Freud in Ägypten gewesen war. Er hatte sich sogar zu der These verstiegen, daß es die ganze Psychoanalyse nicht geben würde, wenn Freud nicht in Ägypten gewesen wäre. Ägypten sei das Seelenursprungsland, hatte er gesagt, oder etwas in der Art, worauf seine Frau erwidert hatte, daß er mit dem jungianischen Quatsch aufhören solle. Möglicherweise war Jung in Ägypten gewesen, hatte sie gemeint, höchstwahrscheinlich sogar, so wie sie Jung kenne. Aber Freud nie. Freud sei im Grunde nirgends gewesen, das habe er auch gar nicht nötig gehabt, von Italien und von Bad Gastein einmal abgesehen – und von England natürlich, aber dahin sei er schließlich nicht freiwillig gegangen.

Stephan hatte zu Helen daraufhin gesagt, daß Freud sogar zusammen mit Rilke in Ägypten gewesen sei. Mit Rilke und Lou Andreas-Salomé. Freud habe zusammen mit Rilke und Lou Andreas-Salomé eine Ägyptenreise gemacht. Es gäbe sogar Fotos des berühmten Fotografen Du Camp von den dreien. Die Fotos zeigten unter anderem, wie Freud, Rilke und Lou versuchten, die Cheopspyramide zu besteigen, aber schon auf die erste Stufe nicht hinaufgekommen seien. Auf einem der Fotos, dem lustigsten, könne man sehen, wie Freud und Lou versuchten, Rilke auf die erste Stufe zu hieven, wobei dieser, der ja ziemlich dünn war und federleicht gewesen sein muß, die Beine gegen die Pyramide streckte, so als würde er sich dagegen wehren, auf die Pyramide gehoben zu werden. Das Foto sei ein Beweis dafür, daß Lou und Freud Rilke möglicherweise gegen seinen Willen auf die Pyramide stellen wollten. Vielleicht wollten sie ihn sogar auf der Pyramide absetzen. Vielleicht, so Stephan weiter, sei ihnen Rilke während der Reise auf die Nerven gegangen und sie hätten ihn eine Zeitlang auf einer der Pyramiden absetzen wollen, um endlich einmal ein paar Stunden Ruhe vor seinen Empfindlichkeiten zu haben. Helen, die Stephan die ganze Zeit ein wenig starr angesehen hatte, war nun doch bereit, den Disput mit Humor zu nehmen, und begann zu lachen. Dann sagte sie, daß sie sich über seine gute Laune freue, die Vorfreude auf Ägypten wirke anscheinend inspirierend auf ihn. »Gut«, sagte er, »die Sache mit Rilke und Lou ist erfunden. Aber alles andere nicht. Freud war trotzdem in Ägypten!« »War er nicht«, erwiderte Helen. »War er doch!« entgegnete er, bis Ruth, welche die ganze Zeit am Tisch gesessen und in einer Zeitschrift geblättert hatte, mit einer für ihre Konstitution ungewöhnlich kräftigen Stimme losbrüllte: »Hört endlich auf, verdammte Scheiße!«

So hatte er Ruth noch nie gehört und war sofort still. Er wußte gar nicht, daß Ruth das Wort Scheiße kannte. Julia kannte es, das wußte er. Julia kannte noch ganz andere Worte. Sie war aber auch ein paar Jahre jünger als Ruth und der eher jungenhafte Typ, sie hatte vor dem Architekturstudium ja auch erst einmal eine Lehre als Tischler gemacht, während Ruth schon immer elegant und damenhaft gewesen war. Schon mit vierzehn, fünfzehn, als er sie kennengelernt hatte, hatte sie einen damenhaften Eindruck auf ihn gemacht, und er hatte sie anfangs sogar gesiezt, was Ruth dann aber mit einem ebenso damenhaften »Sie dürfen ruhig du zu mir sagen« unterband, wobei er es wiederum nicht gewagt hatte, ihr im Gegenzug das Du anzubieten. Inzwischen duzte sie ihn natürlich, aber »Scheiße« hatte sie in seiner Anwesenheit noch nie gesagt. Seine Frau hatte nach Ruths Ausbruch bloß »Entschuldige, Kleines« gesagt und ihr mit der Hand ein wenig über den Kopf gestreichelt, worauf Ruth aber unwillig reagiert hatte, aufgestanden und hinausgegangen war. »Wir sollten uns nicht so gehenlassen, allein schon wegen Ruth«, meinte Helen daraufhin. Er sagte: »In Ordnung, es tut mir leid«, worauf sie nur sagte: »Schon gut.« Er hätte nun am liebsten noch einmal gesagt: »Aber Freud war doch in Ägypten«, hielt sich jedoch zurück und sagte sich zugleich, daß er sich auf so ein Machtspiel nicht einzulassen brauchte, es reichte, wenn er für sich wußte, daß er recht hatte.

Er hatte natürlich nicht recht. Das hatte er sehr schnell in seinen Büchern überprüfen können. Aber er war felsenfest davon überzeugt gewesen. Das kam gelegentlich vor, daß er sich einer vollkommen zweifelhaften Sache absolut sicher und nicht zum Einlenken bereit war. Vielleicht handelte es sich um eine frühe Form von Altersstarrsinn. Oder es war eine neurotische Störung, die er sich allerdings nicht erklären konnte, schließlich glaubte er ein Mensch zu sein, der wenig von festen Überzeugungen und viel davon hielt, sich seiner Sache und seiner Überzeugungen nie zu sicher zu sein. Aber auch hierin konnte er natürlich irren. Jedenfalls hatte ihm Helen vor seiner Abreise Freuds *Traumdeutung* sowie das Rilke-Taschenbuch geschenkt. Außerdem hatte sie einen Zettel in den Freud-Band gelegt, auf dem stand: »Lies den ägyptischen Traum.« Das Geoheft und einen Reiseführer hatte er sich selbst gekauft, und praktischerweise brauchte er nun auch gar nicht lange zu suchen, sondern sah schon auf dem Titelbild des Heftes die Pyramide mit der abgebrochenen Spitze und dem Hinweis, daß es sich um die Cheopspyramide handelte.

Er hatte sich nach seiner Ankunft sogleich auf das Bett gelegt, seinem Herzschlag und dem Plätschern des Swimmingpools gelauscht, der sich im Innenhof des Hotels befand und in dem sich anscheinend einige Gäste vergnügten. Mit Blick auf die Pyramide war er ein wenig eingenickt und irgendwann wieder hochgeschreckt, weil es plötzlich so still war. Vom Pool war kein Geräusch mehr zu hören, die Dämmerung hatte eingesetzt, wobei die Spitze der Pyramide nun, im milden Licht der Abenddämmerung, viel deutlicher zu sehen war. Sie schien nicht einfach abgebrochen, sondern in sich zusammengestürzt. Einige der großen Quadersteine lagen quer über anderen und stützten sich gegenseitig, kleinere Brocken waren heruntergefallen und auf einer der unteren Stufen liegengeblieben. Wann das geschehen war, wußte er nicht. Es war sicherlich im Reiseführer nachzulesen. Aber es hätte wohl genausogut vor tausend Jahren wie auch gestern gewesen sein können.

Um wach zu werden und um sich zu erfrischen, zog er sich ein T-Shirt und Badeshorts an und ging zum Pool. Vom Pool aus konnte man zwischen dem Hauptgebäude des Hotels und einem der Seitentrakte hindurch auf den unteren Teil der Pyramide blicken und einen Eindruck von der enormen Größe des Bauwerks bekommen. Er war allein im Wasser und genoß die abendliche Stille, während er sich mehr durch das Wasser treiben ließ, als daß er schwamm. Die Poolbar hatte schon geschlossen, nur ein älterer Herr mit weißem Hemd, Bermudashorts und einem verwegen aussehenden Hut saß an einem der Tische vor der Bar und las. Was der Mann las, konnte er nicht erkennen, stellte sich aber vor, daß man hier sehr gut Churchills

Memoiren oder etwas Ähnliches lesen konnte. Natürlich auch Agatha Christies *Tod auf dem Nil*, aber das Buch gehörte eigentlich nach Assuan und ins Old Cataract Hotel, wo die Autorin oft zu Gast gewesen war. Als er das Wasser verließ und sich in der Nähe der Bar abtrocknete, sah er, daß der Mann ein Buch von Robert Ludlum mit dem Titel *The Icarus Agenda* las.

Nun gut, dachte er, sollte der Mann lesen, was er wollte. Er warf sein Handtuch über die Schulter und ging zurück ins Hotelzimmer, wo er seinen Koffer auspackte, duschte und sich auf den Balkon setzte und seiner eigenen Lektüre widmete. Das heißt, zu ausführlicher Lektüre hatte er keine Lust und bekam auch Hunger, aber bevor er eines der Hotelrestaurants aufsuchte, wollte er doch wissen, was seine Frau mit dem Hinweis auf Freuds ägyptischen Traum gemeint hatte. Die Ausgabe der *Traumdeutung* hatte glücklicherweise ein Register, und tatsächlich fand er unter dem Stichwort *Träume, bestimmte* einen Hinweis auf den ägyptischen Traum einschließlich der entsprechenden Seitenangabe. Hier berichtete Freud davon, daß er seit Jahrzehnten keinen Angsttraum mehr gehabt habe, sich aber an einen solchen erinnere, den er als Sieben- oder Achtjähriger geträumt und den er dreißig Jahre später einer Deutung unterzogen habe. Der Traum, so Freud, habe seine geliebte Mutter mit eigentümlich ruhigem, schlafendem Gesichtsausdruck gezeigt, die von zwei oder drei Personen mit Vogelschnäbeln ins Zimmer getragen und aufs Bett gelegt worden sei.

Nun hätte Stephan gern auch Freuds Deutung dazu gelesen, aber die fand er nicht in der *Traumdeutung*. Warum Freud den Traum einen Angsttraum nannte, war ihm nicht verständlich. Wenn so Freuds Angstträume aussahen, dann war er um seine Angstträume zu beneiden. Was konnte einem Besseres passieren, als von einer Mutter mit ruhigem, schlafendem Gesichtsausdruck zu träumen. Und die Gestalten mit den Sperberköpfen schienen auch nicht besonders angsteinflößend zu sein, wobei sich im Buch die Anmerkung fand, daß es sich bei den Sperbern in Wahrheit um den Falkengott Horus handle, den Sohn von Isis und Osiris, und daß Freud im Besitz der Abbildung einer Stele gewesen sei, die den sogenannten Horus von Mensen darstellte. Möglicherweise wollte ihm seine Frau mit dem Hinweis auf Freuds Traum zweierlei sagen. Zum einen, daß er nicht ganz unrecht gehabt hatte: Freud war doch in Ägypten gewesen – wenn auch im Traum. Und zum anderen, daß Mütter sanfte, ruhige und schlafende Wesen sein können, die man nicht unablässig zu fürchten braucht.

Er wollte nicht zu früh zum Abendessen gehen, blieb noch ein wenig auf dem Bett liegen und dankte Helen im stillen dafür, daß sie daran gedacht hatte, ihm auf diese Weise eine versöhnende Botschaft bis nach Ägypten mitzugeben. Draußen war es inzwischen fast dunkel geworden, und die Pyramide hatte sich in ein schwarzes, schattenhaftes Bauwerk verwandelt, über dessen Spitze sich ein dunkelblauer, aber vollkommen sternenloser Himmel ausbreitete. Als der Himmel noch dunkler geworden war, die Konturen der Pyramide sich beinahe darin aufgelöst hatten und nur noch Nachtschwärze vor seinem Fenster stand, richtete er sich auf, machte einen Rundgang durch das Hotel und sah sich die Vitrinen und Dekorationen in der Lobby und die Auslagen im Souvenirshop an. Neben den üblichen Touristenartikeln lag da ein Bildband über das Mena House, in dem man lesen konnte, daß auf dem Hotelgelände Napoleons Jagdsitz gewesen sei, auf den er sich nach der Eroberung Kairos zurückgezogen habe, und daß sich 1943 Tschiang Kai-schek, Churchill und Roosevelt hier getroffen hätten, wobei aus Sicherheitsgründen ein Scharfschütze auf der Spitze der Cheopspyramide postiert worden sei. Außerdem hätten sich hier einmal die Schönen und Reichen aus Europa und aus Amerika sozusagen die Drehtür in die Hand gegeben.

Das jetzige Publikum schien nicht mehr so prominent zu sein wie zu früheren Zeiten. Stephan sah vor allem amerikanische Touristen in der Lobby, den Mann vom Pool sah er auch wieder, diesmal ohne Hut, aber mit einer Dame in Abendkleidung als Begleitung, seine Frau wahrscheinlich. Ansonsten herrschte gepflegte Freizeitkleidung vor. An einem der Tische fiel ihm ein Mann mit karierten Hosen auf, dem gerade ein Aperitif serviert wurde. Ganz sicher ein Amerikaner, dachte er. Wahrscheinlich gab es auf der ganzen Welt keine einzige bessere Hotelhalle, in der man nicht einen

Amerikaner mit karierten Hosen traf. Ihn hatte das immer befremdet, ihm waren diese Hosen immer clownesk und stutzerhaft zugleich vorgekommen, besonders wenn sie, wie meistens, von älteren Herren getragen wurden.

Ein wenig angeberisch schien ihm auch, zumindest auf den ersten Blick, eine Gruppe zu sein, die gerade erst hereingekommen war und sich sogleich in die Sessel hatte sinken lassen: zwei Männer und zwei Frauen, alle vier in staubiger Expeditionskleidung, mit Westen und Cargohosen bekleidet, mit verschiedensten Instrumenten und elektronischen Geräten behängt und diversen Metallkoffern als Gepäck. Einer von ihnen war ein älterer Mann mit Glatze und Hornbrille, dem der Weg ins Hotel anscheinend schwer zu schaffen gemacht hatte, so erschöpft saß er nun in seinem Sessel. Die ältere der Frauen war eine leicht gebräunte, sehr gepflegt wirkende rotblonde, ziemlich schlanke Dame, der die Anreise anscheinend nichts ausgemacht hatte. Aufrecht und neugierig herumschauend, saß sie auf der Vorderkante ihres Sessels, als würde sie gleich wieder aufspringen wollen.

Begleitet wurden sie von einer jungen Frau und einem jungen Mann, die beide nicht älter als Mitte Zwanzig waren und durchaus die Kinder der beiden älteren hätten sein können. Die beiden jüngeren hatten den größten Teil des Gepäcks getragen und schienen ebenfalls eher neugierig als müde, wobei der Mann sich mit den diversen Gepäckstücken beschäftigte, hier etwas auspackte und dort etwas einpackte, eine Ledertasche herausholte, darin herumsuchte, die Ledertasche wieder verstaute. Alle vier trugen sie neben den Westen und Cargohosen noch Khakimützen mit Nackenschutz und schwere Stiefel und wirkten wie aus *Indiana Jones* entsprungen.

Die Frau gefiel ihm. Die Mischung aus Damenhaftigkeit und der staubigen, bereits ein wenig ramponierten Expeditionskleidung mitsamt den schweren Schuhen, denen man ansah, daß sie damit nicht nur über Hotelteppiche gegangen war, verliehen ihr eine ganz spezielle Attraktivität. Er beobachtete die Gruppe noch ein wenig, wollte aber nicht auffallen und blätterte währenddessen in einem Exemplar der *Middle East Times*, die in der Lobby auslag. Dann erhob er sich und ging dicht hinter dem Sessel der Frau vorbei in Richtung Restaurant. Als er unmittelbar hinter der Frau war, drehte sie sich plötzlich um, sah einen kurzen Moment zu ihm hoch und ihm direkt in die Augen, wobei er das Gefühl hatte, den Anflug eines spöttischen Lächelns auf ihrem Gesicht zu sehen. Als würde sie ihn wissen lassen wollen, daß es ganz und gar aussichtslos sei, sich von hinten an sie heranzuschleichen.

Stephan fühlte sich ertappt. Er war in der Tat sehr dicht an dem Sessel vorbeigegangen, um einen Blick auf ihr Haar und über ihre Schultern zu werfen. Er hatte schon von seinem Platz aus gesehen, daß sie sich die Mütze mit dem Nackenschutz abgenommen und das darunter hochgesteckte Haar gelockert hatte. Und er hatte auch gesehen, daß sie eher undamenhaft und mit beinahe männlicher Geste einen Knopf ihrer Bluse geöffnet hatte. Nicht den obersten, der war schon offen gewesen, sondern den zweiten. Er hätte also gute Chancen gehabt, einen indiskreten Blick auf sie zu werfen, war aber dabei ertappt worden und ging nun mit beschleunigten Schritten, klopfendem Herzen und möglichst unbeteiligtem Gesichtsausdruck Richtung Restaurant.

Am nächsten Morgen erwachte er ausgeschlafen und erholt und mit der beinahe schon vertrauten Aussicht auf die Pyramide, die nun, im Morgenlicht, einen etwas kühleren Farbton angenommen hatte und auch wieder etwas ferner gerückt schien. Er frühstückte nicht im Frühstücksraum, sondern am Pool, wo es Filterkaffee und englischen Früchtekuchen gab. Auch am Morgen waren nur wenige Gäste am Pool, und es herrschte eine so friedliche Stimmung, daß er den ganzen Tag hier hätte verbringen können. Schwimmend, lesend und dösend, und ab und zu die Pyramide betrachtend.
Schade, daß die Gruppe von gestern nicht am Pool war. Er hätte den beiden Frauen gern beim Schwimmen zugesehen. Er hätte besonders der älteren der beiden Frauen gern zugesehen. Früher hätte er sich bei solchen Gelegenheiten eher für die jüngere interessiert. Aber das hatte sich seit einiger Zeit verändert. Seit einiger Zeit und spätestens seit er fünfzig war, nahm er

die Attraktivität von älteren, das heißt fünfzig- oder auch über fünfzigjährigen Frauen wahr. Wobei er generell schon vorher festgestellt hatte, daß sich mit seinem eigenen Älterwerden die Altersgrenze der Frauen, die er attraktiv fand, beständig nach oben erweiterte. Hatte er als Sechzehnjähriger fünfzehn- bis siebzehnjährige Mädchen attraktiv gefunden, aber weder zwölf- beziehungsweise dreizehnjährigen noch neunzehn- oder zwanzigjährigen nachgeschaut, so konnte er als Fünfundzwanzigjähriger fünfzehn- bis siebzehnjährige Mädchen noch immer attraktiv finden, nun aber auch von zwanzigjährigen oder fünfundzwanzigjährigen und selbst von achtundzwanzigjährigen Frauen träumen. Aber nicht von achtunddreißigjährigen. Von denen konnte er erst als Vierzigjähriger träumen, doch auch als Vierzigjähriger konnte er durchaus und immer noch eine attraktive Siebzehnjährige von einer nicht so attraktiven Siebzehnjährigen unterscheiden. Er hätte allerdings als Vierzigjähriger noch nicht eine nicht so attraktive Sechzigjährige von einer attraktiven Sechzigjährigen unterscheiden können. Das war eine Unterscheidung, die er als Zwanzigjähriger und wohl auch noch als Dreißig- oder auch Vierzigjähriger eher anormal gefunden hätte. Jetzt aber war er dabei, es nicht mehr anormal zu finden, sich nach einer Fünfundfünfzigjährigen umzudrehen. Und er fragte sich, ob das immer so weiterginge.

Wahrscheinlich mußte er einsehen, daß die Maßstäbe sich mit dem Älterwerden änderten, auch wenn ihm heute einiges von dem, was er vielleicht in zehn Jahren empfinden würde, noch ziemlich anormal vorkam. Daß er allerdings heute sowohl jüngere Frauen als auch eine Fünfzigjährige durchaus und in gewisser Weise gleichermaßen attraktiv finden konnte, kam ihm keineswegs anormal vor. Er fand seine eigene und beinahe gleichaltrige Frau ja auch attraktiv, hatte aber kein rechtes Bewußtsein davon, daß es sich bei ihr um eine sogenannte Fünfzigjährige handelte, so wie er ja auch in bezug auf sich selbst kein rechtes Bewußtsein davon hatte, daß es sich bei ihm um einen Fünfzigjährigen beziehungsweise über Fünfzigjährigen handelte. Bis vor kurzem jedenfalls.

Bis vor kurzem hatte er nach dem Motto gelebt: Die Älteren sind immer die anderen. Nun war er gerade dabei zu lernen, daß es nicht so war und er sich auf ein neues Motto einstellen mußte, das lautete: Der Ältere bin ich. Das konnte man eine Krise, möglicherweise sogar eine Krise der Lebensmitte nennen. Vielleicht aber war es auch nur der Anpassungsprozeß eines älteren Mannes an seine Umwelt. Denn daß er sich bis vor einiger Zeit noch nicht als älteren Mann betrachtet hatte, lag sicher auch daran, daß auch seine Umwelt dies nicht getan hatte.

Jetzt aber tat sie es, und er mußte sich anpassen. So wurde er beispielsweise immer öfter von vorlauten Berliner Verkäuferinnen mit *junger Mann* angeredet. Ein untrügliches Zeichen dafür, daß er älter geworden war. Genauso wie die Tatsache, daß er plötzlich ein

Faible für bunte Hemden hatte. Er fand rote, gelbe oder auch fliederfarbene Hemden sowie passende Motivkrawatten dazu nicht mehr so schrecklich, wie er sie früher gefunden hatte. Und er hatte jüngst, als er durch die Herrenabteilung von Peek & Cloppenburg geschlendert war, ernsthaft daran gedacht, sich eine sandfarbene Freizeitweste aus der Camel Collection zu kaufen.

Ein weiteres Indiz stellten die Reaktionen der Ärzte dar. Sie suchten nicht mehr nach einem Magengeschwür oder einem Ekzem, sondern wollten erst einmal eine Krebserkrankung ausschließen. Das hatten sie früher nicht getan. Früher und selbst noch in seinen Vierzigerjahren war bei einer ärztlichen Untersuchung zuerst nie von einem Tumor, sondern immer von anderen möglichen Krankheiten die Rede gewesen. Hieß es früher, daß es sich bei seinen Beschwerden möglicherweise um eine Magenschleimhautentzündung handle, so hieß es jetzt, daß man erst einmal einen Magenkrebs ausschließen müsse. Kürzlich hatte ihm seine Hautärztin angesichts einer winzigen Hautveränderung schon nach dem ersten Blick auf die betreffende Stelle gesagt: »Könnte ein Alterskrebs sein« und sogleich eine Gewebeprobe entnommen und eingeschickt. Es war dann doch kein Alterskrebs gewesen, aber er hatte begriffen, daß er nun in dem Alter war, in dem ihm die Ärzte, ohne mit der Wimper zu zucken, einen Alterskrebs zutrauten.

Ein freundliches »Good morning« riß Stephan aus seinen Grübeleien. Er schrak hoch und sah niemanden, bis er bemerkte, daß sich jemand hinter seinem Rücken an einem der Tische zu schaffen machte. Er drehte sich um und sah, daß es die beiden Frauen von gestern abend waren. Diesmal ohne Expeditionskleidung, sondern in Bademänteln, die sie auf den Stühlen an einem der hinteren Tische ablegten. Er dachte sogleich: »Engländer.« So wie die beiden Good morning gesagt hatten, konnten nur Engländer Good morning sagen. Englische Archäologen vielleicht. Aus Cambridge. Ein Professor, eine Akademische Rätin, falls es in England so etwas gab, ein Assistent und eine Doktorandin aus Cambridge. Er erwiderte, nach hinten blickend, den Gruß ebenfalls so englisch wie möglich und lächelte den beiden zu, die aber schon mit ihren Chlorbrillen beschäftigt waren und zum Beckenrand gingen.

Aus den Augenwinkeln und gegen die aufsteigende Vormittagssonne blinzelnd, konnte er feststellen, daß die ältere Frau ihm auch jetzt noch besser als die jüngere gefiel. Natürlich sah man, daß es eine reife Frau war, aber dafür wirkte sie im Unterschied zur jüngeren trainierter und, obwohl sie schlank war, zugleich ein wenig muskulös. Darum wunderte es ihn auch nicht, daß sie der jüngeren Frau davonkraulte, das Wasser mit regelmäßigem Arm- und Beinschlag wie eine erfahrene Sportschwimmerin durchpflügte, wogegen die jüngere das Brustschwimmen vorzog und deshalb auch langsamer war. Allerdings verließ die ältere Frau auch schon nach vielleicht fünfzehn oder zwanzig Minuten das Becken, während die jüngere unentwegt weiterschwamm.

Die Frau ging zu ihrem Handtuch und trocknete sich ab, während er sich ebenfalls erhob. Es war Zeit für die Besichtigung der Pyramiden. Außerdem konnte er hier nicht ewig sitzen bleiben und die beiden Frauen anstarren. Ihm war jetzt schon ein wenig unbehaglich zumute, zumal er weder schwamm noch las und auch nicht mehr frühstückte. Er saß einfach da und glotzte. Also gab er sich einen Ruck, stand auf, drehte sich noch einmal um und rief der Frau, die sich gerade mit erhobenen Armen die Haare trocknete und dabei wie eine Tänzerin das Becken kreisen ließ, ein »Goodbye« zu. Die Frau sagte »Have a nice day« und lächelte ihn nun gar nicht spöttisch, sondern wohlwollend und beinahe vertraut an, ohne mit dem Abtrocknen und ihrer kreisenden Bewegung aufzuhören. Er sagte »Thanks« und hätte Lust gehabt, mit der Frau ein Gespräch zu beginnen. Aber das wäre sicher zu aufdringlich gewesen, und er war auch nicht der Typ, der mit fremden Frauen Gespräche begann. So verließ er den Poolbereich, ging auf sein Zimmer, kleidete sich um und machte sich anschließend auf den Weg zu den Pyramiden.

Bis zu dem Pyramidengelände waren es vom Hotel aus nur ein paar hundert Meter. Er zahlte seinen Eintritt an einer Bretterbude, die ihm als Kassenhäuschen für eines der sieben Weltwunder doch sehr bescheiden vorkam, und besichtigte das Gelände, was insofern nicht einfach war, als er sofort, ganz wie im Reiseführer beschrieben, von Kameltreibern bedrängt wurde, die ihn zu einem Kamelritt aufforderten. Das taten sie äußerst hartnäckig, ritten ihm nach und um ihn herum und kamen ihm dabei mit ihren Tieren ziemlich nahe, wobei er feststellen mußte, daß ein Kamel, wenn es mit gebleckten und ungeputzten Zähnen auf einen zugaloppierte, ein durchaus bedrohliches Tier sein konnte. Er war also zunächst nur mit dem Abwehren der Kameltreiber beschäftigt, bis die sich irgendwann wie auf Verabredung von ihm abwandten und ihn in Ruhe ließen.

Die Pyramiden selbst waren in der Tat riesige Bauwerke, und nicht nur einem Rilke wäre es schwergefallen, ihre beinahe mannshohen Stufen zu erklimmen. Aber abgesehen von ihrer Größe erging es ihnen wie so vielen Dingen auf der Welt, die man aus der Ferne mit Faszination betrachtet: wenn sie zum Greifen nahe sind, büßen sie an Aura und Geheimnis ein. Die Pyramiden kamen ihm wohl noch groß vor, aber das Wunderbare, das man ihnen nachsagte, spürte er nicht. Was sicher auch damit zu tun hatte, daß man ihre architektonische Symmetrie aus der Nähe längst nicht so würdigen konnte wie aus der Luft oder einer größeren Entfernung. Aber das Geheimnis der Pyramiden sollte ja auch in ihrem Inneren sein, wobei die Cheopspyramide wegen Bauarbeiten nicht besichtigt werden durfte und vor der fast ebenso großen Chephrenpyramide eine so lange Besucherschlange wartete, daß er beschloß, die dritte und kleinste Pyramide zu besichtigen.

Hier wartete niemand, nur ein paar Museumswärter lungerten vor dem Eingang herum und wollten nicht nur seine Eintrittskarte sehen, sondern ihn auch in die Pyramide begleiten. Er wollte aber keine Begleitung. Er wollte weder drei noch einen Begleiter. Er wollte allein in die Pyramide hinabsteigen, allein das Mysterium aufsuchen und allein diesem Howard-Carter-Gefühl beim Eindringen in eine Schatzkammer nachspüren. Nach einigem Hin und Her kapitulierten die Männer, und er konnte die Pyramide allein betreten. Er ging einen nach unten führenden und mit Holzbohlen ausgelegten Gang hinab, wobei er aufpassen mußte, sich nicht den Kopf zu stoßen. Wandmalereien oder Inschriften konnte er keine entdecken, das einzig Überraschende war der beständige Temperaturanstieg. Normalerweise wurde es kalt, wenn man in einen Keller oder eine Höhle hinabstieg. Hier wurde es mit jedem Schritt wärmer, als würde man sich einer unterirdischen Backstube nähern. Er begann zu schwitzen, und auch sein Herz klopfte schneller. Als er sich irgendwann umdrehte, war der Ausgang schon in weite Ferne gerückt und nur noch als gleißend helles Viereck am Ende des Ganges zu sehen. Am liebsten wäre er umgekehrt, aber das gestattete er sich dann doch nicht. Wenn er schon in Ägypten war, dann wollte er auch im Inneren einer Pyramide gewesen sein. Aber er wollte nicht Opfer eines Herzschlags werden, und schon gar nicht in der kleinsten der Pyramiden. Also bemühte er sich, so ruhig wie möglich zu atmen und sich klarzumachen, daß hier schon Tausende Touristen vor ihm gewesen waren.

Er stieg weiter hinab, schwitzte, schnappte nach Luft, fühlte seinen beschleunigten Herzschlag und sah endlich vor sich in der Tiefe eine leichte Biegung, hinter der sich die Grabkammer befinden mußte. Nun klopfte sein Herz nicht nur wegen der Hitze und Anstrengung, sondern auch vor Aufregung: das Howard-Carter-Gefühl. Als er die Biegung erreicht hatte, waren es nur noch ein paar Schritte, bis sich eine Kammer vor ihm auftat, die weitaus größer war, als er erwartet hatte. Allerdings war hier kein Schatz mehr zu finden, auch kein Sarkophag, nicht einmal die kleinste Hieroglyphe war zu entdecken. Statt dessen saß auf einem Holzhocker ein ägyptischer Pyramidenwächter, blickte ihn erwartungsfroh an und hielt die Hand auf.

Das also war das Geheimnis der Pyramiden. Der Mann konnte ihn mal. Ohne eine weitere Sekunde in der Grabkammer zu bleiben, drehte er sich wortlos um und ging so schnell wie möglich den Gang wieder hinauf, wobei er mit jedem Schritt spürte, wie die Temperatur abnahm und mehr Sauerstoff in seine Lunge strömte. Als er aus der Pyramide heraustrat, genoß er die Luft und das Licht und blickte ein weiteres Mal in aufgehaltene Hände. Die Männer von vorhin verlangten nun ebenfalls ein Trinkgeld, worauf er ihnen sagte, daß er dem Mann unten in der Grabkammer bereits etwas gegeben habe. Obwohl sie nur rudimentär Englisch sprachen, verstanden sie sogleich, glaubten ihm aber nicht. Ziemlich dreist und unverschämt stritten sie ab, daß der Mann in der Grabkammer Geld von ihm erhalten hatte. Er insistierte, obwohl er sich ertappt fühlte, und wunderte sich zugleich darüber, wieso die Männer Bescheid wußten. Hatten sie etwa Funkkontakt miteinander? Ein Funkgerät sah er nicht, aber das konnte sehr gut unter ihren Umhängen verborgen sein. Falls man überhaupt mit dem Inneren einer Pyramide Funkkontakt aufnehmen konnte. Da sie ebenfalls insistierten, gab er schließlich nach und jedem von ihnen ein paar ägyptische Pfund. Dann wollte er sich auf den Weg zur Sphinx machen, kaufte aber vorher noch eine Flasche Wasser bei einem der fliegenden Händler und setzte sich auf einen der Steinbrocken, die überall herumlagen.

Der Abstieg in die Grabkammer hatte sein Herz in die alte pochende Unruhe versetzt, und die Streiterei mit den Wächtern war auch nicht gerade wohltuend gewesen. Sein Herz pochte schneller, als es sollte, und zugleich fühlte er sich erschöpft. Grabkammern taten ihm nicht gut. Nachdem er sich ein wenig erholt hatte, ging er hinüber zur Sphinx, die der Reiseführer allerdings immerzu *der* Sphinx nannte. Für ihn war die Sphinx kein Mann, sondern eine Frau, gleichgültig, was der Reiseführer schrieb. Er kannte die Sphinx seit

seiner Kindheit und aus den *Illustrierten Klassikern*, in
denen er als Knabe Homers *Odyssee*, Dantes *Inferno*,
Shakespeares *Macbeth* oder auch Sophokles' *König
Ödipus* gelesen und sich damit ein Gutteil seiner hu-
manistischen Bildung angeeignet hatte. Besonders war
ihm die Szene mit Ödipus und der Sphinx in Erinnerung geblieben: der kleine Mann vor dem riesigen,
über ihm thronenden Tier, das ihn zu verschlingen
drohte, wenn er die Rätselfrage nicht beantwortete.
Wobei er damals im pubertären Überschwang auf die
Rätselfrage sofort eine Antwort gewußt hatte: Am
Abend drei Füße? Das ist der Mensch mit einer Erek-
tion!
Natürlich war die Antwort falsch gewesen, und vielleicht sollte er heute dem gefährlichen Fabelwesen die
richtige Antwort noch einmal von der Besichtigungs-
plattform aus zurufen. Um seine pubertären Verfeh-
lungen zu büßen. Und um nicht noch nachträglich ge-
fressen zu werden. Doch als er vor der Statue stand,
hatte er keinen Sinn für Buße und auch keine Furcht,
sondern nur noch Mitgefühl. Die Sphinx befand sich
in einem erbärmlichen Zustand. Das Gesicht war vollkommen entstellt, der Körper hatte seine Konturen
verloren, nur die Tatzen schienen noch einigermaßen
intakt. Dieser Sphinx würde kein Ödipus und auch
sonst niemand eine einzige Rätselfrage beantworten,
so wenig furchterregend sah sie nun aus.
Fast wehmütig verließ er das Gelände. Das menschen-
mordende Wesen, dessen Name von dem Wort *sphingo*

stammte, was soviel wie erwürgen hieß, wie er dem Reiseführer entnahm, war selbst zu lang im Würgegriff der Zeit, der Witterung, der Touristen und vielleicht auch irgendwelcher wildgewordener Mamelucken gewesen und drohte nun zu zerfallen. Und so verschwand sie auch schon bald aus seinem Blickfeld, als er das Pyramidengelände verließ und sich dabei gelegentlich umsah. Die Pyramiden freilich verschwanden nicht, sondern gewannen mit jedem Schritt, mit dem er sich von ihnen entfernte, an Aura und Anziehungskraft zurück. Mit jedem Schritt kam er allerdings auch der Ortschaft Gizeh näher, die äußerst enttäuschend war. Weder die einstöckige Schuppen- und Garagenarchitektur noch die Gemüseläden und Reparaturwerkstätten und auch nicht der durch den Ort hindurchführende Bewässerungskanal konnten ihn davon abhalten, schnell wieder ins Hotel zurückzukehren und den Rest des Tages einschließlich eines geradezu vorbildlichen Sonnenuntergangs zuerst am Pool und dann auf dem Balkon seines Zimmers zu verbringen.

Die Indiana-Jones-Leute, wie er sie bei sich nannte, waren nicht am Pool, und sie tauchten auch am nächsten Morgen nicht mehr auf, den er erneut mit ein paar Schwimmrunden und einem Poolfrühstück begann. Die Ruhe am Pool und der Blick auf die Cheopspyramide schienen ihm so einzigartig, daß er beschloß, auf die Fahrt nach Kairo und den Besuch des Ägyptischen Museums zu verzichten. Besser als hier konnte der Tag nicht mehr werden, und man muß schließlich nicht alles gesehen haben. Sollte er noch einmal nach Ägypten zurückkehren, vielleicht sogar mit Helen, dann würde er geradezu dankbar dafür sein, nicht im Ägyptischen Museum gewesen zu sein. Nach dem Schwimmen bestellte er einen zweiten Kaffee und einen weiteren englischen Früchtekuchen und begann irgendwann unter dem Sonnenschirm vor sich hin zu dösen. Er gab sich dem Augenblick hin, was er seit Ewigkeiten nicht mehr getan hatte. Und sein Herz dankte ihm dafür, indem es leise und beinahe unmerklich schlug. Ein paradiesischer Ruhezustand ergriff von ihm Besitz, der weder von den wenigen Gästen gestört wurde, die den Poolbereich im Laufe des Nachmittags aufsuchten, noch von dem schwarzweiß gefleckten Wiedehopf, der gelegentlich, und wenn niemand im Becken war, einen Sturzflug in das blau leuchtende Wasser riskierte.

Stephan reiste ausgeruht von Gizeh ab. Die Pyramiden hatten ihm gutgetan, besonders wenn er sie vom Hotel aus betrachtet hatte. Der Fahrer des Kleinbusses war der gleiche wie auf dem Hinweg. Er sprach fließend Deutsch und erzählte, daß er früher für Egyptian Air in Berlin und dort wiederum eng mit der Interflug zusammengearbeitet habe und daß er sich bestens auf dem Flughafen Schönefeld auskenne. Stephan schwieg dazu und ermutigte den Fahrer nicht zu weiteren Erzählungen. Er wollte seinen Abschiedsgefühlen von Kairo beziehungsweise dem Mena House nachsinnen.

Wenn er es recht bedachte, dann wollte er auch der bedauerlichen Tatsache nachsinnen, daß er die rotblonde Dame nicht mehr wiedergesehen hatte. Er hätte ihr gern noch einmal beim Kraulen und anschließenden Haaretrocknen zugeschaut.

Der Flug nach Luxor war insofern bemerkenswert, als er einige grandiose Ausblicke auf die ägyptische Wüste, den Nil und das erlaubte, was man die Niloase nannte: ein fruchtbarer Grünstreifen an beiden Nilufern, der allerdings abrupt in die Wüste überging. Auch in Luxor wartete ein Deutsch sprechender, aber wortkarger Fahrer und setzte ihn und einige andere Touristen an diversen Hotels ab, wobei auch hier sein Hotel das letzte auf der Route war. Er war froh darum, alle anderen Hotels sahen nicht sehr vielversprechend aus: moderne und standardisierte Großbauten an zumeist vielbefahrenen Straßen. Einzig das Winter Palace, das direkt an der Uferpromenade lag, schien noch aus kolonialen Zeiten zu stammen und konnte, zumindest von außen, mit dem Mena House wetteifern. Doch schon als der Fahrer Luxor Richtung Süden verlassen hatte und nach einigen Kilometern auf eine etwas höher gelegene Straße abbog, die an einen Damm erinnerte und zwischen Feldern, Weiden und einem Seitenarm des Nils auf die Hotelinsel führte, wußte er, daß er sich für den richtigen Ort entschieden hatte.

Nachdem der Kleinbus einen bewachten und von Taxis belagerten Schlagbaum passiert hatte, fuhr er direkt bis zur Hotelrezeption. Stephan checkte ein und wurde zu seinem Bungalow gebracht, der am Rand des Geländes lag und den er »mit Flußblick« gebucht hatte. Der Bungalow war geräumig und komfortabel und der Blick auf den Nil geradezu filmreif. Einen Pool gab es auf der Insel natürlich auch, und im Grunde konnte er hier umstandslos an seine Kairoer Gewohnheiten anknüpfen, nur daß er nicht auf die großen alten Pyramiden, sondern auf den großen alten Nil blickte. Noch ehe er ganz ausgepackt hatte, setzte bereits die Dämmerung ein. Es wurde früh dunkel am Nil, und er beschloß, noch einen Rundgang über die Insel zu machen, die aus den Bungalows, dem Pool, dem Hotel- und Restaurantbereich sowie einem landwirtschaftlichen Bereich mit Gemüsefeldern und Obstgärten bestand, an den sich noch eine weitläufige Pferdekoppel sowie ein Kleintierzoo mit Krokodil im Dauerschlaf, bissigem Kamel, Eseln, Affen sowie einem frei umherfliegenden, aber zutraulichen Falken anschlossen. Mit anderen Worten: ein Paradies. Der paradiesische Zustand steigerte sich noch, als die untergehende Sonne die Nilauen in ihr Licht tauchte und einige Feluken durch das rötlich und goldfarben schimmernde Wasser zu ihren Anlegestellen Richtung Luxor segelten.

Als er am nächsten Morgen erwachte und vor den Bungalow trat, sah er keinen goldfarbenen, sondern einen so blau schimmernden Nil, daß er am liebsten hineingesprungen wäre, was man wegen der gefährlichen Saugwürmer keinesfalls tun durfte. Er schwamm statt dessen ein paar Runden im Pool, frühstückte und legte sich, nach einem weiteren Spaziergang über die Insel, erst einmal wieder an das Becken. Er wollte nichts überstürzen, sondern den ersten Tag auf der Insel bleiben. Den Vormittag über blieb er am Pool, den Nachmittag verschlief er im abgedunkelten Zimmer seines Bungalows, und die Abenddämmerung verbrachte er auf einer stufenförmig angelegten Uferterrasse bei Lampionschein und Musik aus *Aida*, die die Hoteldirektion ihren Gästen passend zum Sonnenuntergang einschließlich der im Ufergras weidenden Kühe, der über das Wasser kreisenden Ibisse und der vorbeituckernden Kreuzfahrtschiffe servierte.

Am nächsten Morgen aber packte ihn die Entdeckerlust, zumal er an der Rezeption erfahren hatte, daß es möglich war, ein Fahrrad zu mieten. Er fuhr ja auch in Berlin Fahrrad, und ins Tal der Könige war es nicht weit. Er mußte nur bis Luxor, dann über den Fluß und in die Wüste hinein. Das Fahrrad war ein Damenrad älteren Jahrgangs, ein besseres gab es nicht, alle anderen seien ausgeliehen oder defekt, hatte der für die Fahrräder zuständige Angestellte, ein gewitzter Halbwüchsiger, gesagt. Also fügte er sich. Warum nicht auf einem Damenrad durch Ägypten fahren. Das war zwar ein wenig lächerlich, hatte aber zumindest einen anekdotischen Reiz, wenn er seinen Bekannten später davon erzählen würde. Wahrscheinlich waren die meisten von ihnen schon mit einem Mountainbike durch die Sahara, den Grand Canyon und möglicherweise

auch die Niagarafälle hinauf- und wieder hinunterge-
fahren, aber noch nie mit einem alten Damenrad von
Luxor ins Tal der Könige.

Also verließ er im Bewußtsein einer gewissen Ex-
klusivität das Hotelgelände, radelte über den Damm,
passierte den Schlagbaum und schreckte die wartenden Taxifahrer auf, die ihn unbedingt zu einer Taxi-
fahrt überreden wollten, obwohl er doch Fahrrad
fuhr. Auch auf der Hauptstraße, die nach Luxor
führte, mußte er sich weiterer Taxifahrer erwehren,
die ihn, ganz ähnlich wie die Kameltreiber in Gizeh,
eine Zeitlang sogar im Konvoi verfolgten und dabei
hupend auf sich aufmerksam machten. Er verstand
die Taxifahrer nicht. Sollte er das Rad in den Fluß
schmeißen? Die Taxifahrer zerrten an seinen Nerven,
obwohl der Tag so gut begonnen hatte. Als er die Cor-
niche genannte Nilpromenade erreichte, stieg er ab
und beschloß, das Fahrrad über den Bürgersteig und
bis zur Fährstelle zu schieben. Zum einen, um die Taxifahrer los zu sein, und zum anderen, um den Aus-
blick auf das andere Flußufer zu genießen, wo sich das
Tal der Könige und, etwas weiter nördlich, auch der
Tempel der Hatschepsut befand.

Nun begannen allerdings die Felukenfahrer an seinen
Nerven zu zerren. Jeder wollte ihm eine Bootsfahrt
andrehen. Er wollte aber nicht Feluke fahren, sondern
Fahrrad. Und mit der öffentlichen Fähre auf die an-
dere Seite übersetzen. Nach einem Dutzend erbitterter
Anwerbungsversuche, denen er ebenso erbittert wi-

derstanden hatte, fügte er sich und ließ sich auf eine Bootsfahrt ein. Daß er nachgab, hatte auch damit zu tun, daß es sich bei dem letzten Felukenfahrer, der ihn angesprochen hatte, um einen geradezu würdevoll auftretenden jungen Mann handelte, der zudem ein beinahe akzentfreies Englisch sprach. Ein ägyptischer Prinz mit Oxfordstudium lud ihn zu einer Bootsfahrt ein, da konnte man schließlich nicht nein sagen. Er bezahlte den Preis, der ungefähr dem Fünfzigfachen dessen entsprach, was die Überfahrt mit der öffentlichen Fähre kostete. Ein wahrhaft aristokratischer Preis, aber er hatte nicht zuletzt um seiner Gesundheit willen jeden Widerstand aufgegeben. Und so ließ er es auch geschehen, daß der würdevolle junge Mann das Fahrrad schulterte und ihm voraus ins Boot trug und dann zu einer Rundfahrt aufbrach, obwohl Stephan nur eine Überfahrt gewollt hatte. Zu protestieren wagte er erst gar nicht. Wahrscheinlich war es für den Mann eine Frage der Ehre, daß er für den Preis auch eine ordentliche Leistung ablieferte.

Also lehnte Stephan sich zurück und versuchte die Fahrt zu genießen, die eine Zeitlang zügig stromabwärts und dann im Zickzackkurs und sehr langsam wieder stromaufwärts ging. Der Mann navigierte das Boot im Stehen, sein Gewand blähte sich im Wind, und er blickte dabei die meiste Zeit auf einen imaginären Horizont. Ein stolzer, schöner Kapitän, der kein Wort mit seinem Fahrgast sprach und an den auch sein Fahrgast kein Wort richtete. Was sollten sie

reden? Sollte er dem Mann von Deutsch als Fremdsprache erzählen? Oder nach seinem letzten Kinobe-
such fragen? Ein einziges Mal wechselten sie ein paar
Worte, als Stephan sich über das Wasser beugte und
seine Hand in den Nil hielt, wobei der Wind seine Base-
ballkappe ins Wasser wehte. Der Felukenfahrer sagte
»No problem«, machte eine elegante Wendung, steuerte dicht an der Kappe vorbei, die er ebenso elegant
mit einem einzigen Griff aus dem Wasser fischte.
Stephan schämte sich ein wenig, zumal er kein Freund
von Baseballkappen war. Aber irgendwie mußte er ja
die kahlen Stellen auf seinem Kopf vor der afrikanischen Sonne schützen.

Als sie endlich die Anlegestelle am Westufer ansteuer-
ten, hatte er sich fast an das geruhsame Segeln ge-
wöhnt. Am Ufer warteten ungefähr zwei Dutzend auf-
geregte Menschen, Jugendliche vor allem und junge
Männer, als würde es sich bei der Feluke um das lang
ersehnte Frachtschiff mit Nike-Schuhen und Sony-
Walkmen handeln. Aber die einzige Fracht war das
Fahrrad, und jeder der Wartenden versuchte, dem Felukenfahrer das Fahrrad aus den Händen zu nehmen
und ans Ufer zu transportieren. Natürlich wollte niemand das Fahrrad stehlen. Es ging einzig darum, dem
Fahrgast eine völlig unnötige Dienstleistung aufzu-
zwingen, die er dann zu entlohnen hatte. Der Fahrer
überließ den Jungen das Fahrrad, die es aus dem Boot
hoben und im Sand abstellten, um dann weiter ihre
Hände darauf zu legen, als würde es sich um einen hei-

ligen Gegenstand handeln: Solange man ihn berührte, durfte man auf Erlösung in Form eines Trinkgeldes hoffen.

Stephan hatte aber keine Lust, sich von den Jungen erpressen zu lassen. So elend sahen sie auch gar nicht aus, als daß er sich Gewissensbisse hätte machen müssen. Wütend, mit klopfendem Herzen und die innere Nilpferdpeitsche schwingend, drängte er sich zu seinem Fahrrad, riß es den Leuten förmlich aus den Händen und radelte davon. Leider konnten sie nicht glauben, daß sie leer ausgingen, und liefen ihm nach. Er trat stärker in die Pedale, hinter ihm eine Meute von schreienden Jugendlichen, die ihn bis zum Dorfausgang verfolgten und erst auf freier Strecke von ihm abließen. Jetzt konnte er entspannter radeln und den warmen Wüstenwind genießen, der von den Bergen herüberwehte. Er wußte, daß die Straße an den Kolossen von Memnon vorbeiführte, die er sich auf jeden Fall anschauen wollte. Hier würde er Rast machen, um dann den anstrengenderen, weil ansteigenden Teil der Strecke ins Tal der Könige hinter sich zu bringen.

Radelnd erfreute er sich des warmen Fahrtwinds und wartete auf die Kolosse. Die Strecke war länger, als er gedacht hatte, und er wurde müder, als er gedacht hatte. Er radelte weiter, doch von den Kolossen war nichts zu sehen. Sein Herz schlug heftig. Gesund war das nicht, so eine Radtour durch die Wüste. Schon gar nicht auf einem Damenrad. Aber aufgeben wollte er auch nicht, obwohl ihm die aufkommende Mittagshitze zu schaffen machte. Und möglicherweise war seine Erschöpfung daran schuld, daß er irgendwann von der Fahrbahn abkam und auf den Schotter- und Geröllstreifen am Straßenrand geriet, beinahe sogar gestürzt wäre und sich nur mit ganzer Kraft wieder Richtung Asphalt bewegen konnte. Doch in dem Moment, als er den Asphalt erreichte, hatte er für einen kurzen Moment den Eindruck, als würde er über sumpfiges Gelände fahren.

Doch da war kein Sumpf. Es war nur das Fahrgefühl, das entsteht, wenn die Luft aus dem Hinterrad entweicht. Mit anderen Worten: Er hatte einen Platten. Flickzeug hatte er natürlich keines dabei, nicht einmal eine Luftpumpe. Er stieg ab und ärgerte sich, war zugleich aber ein wenig erleichtert, daß er nun zu Fuß gehen konnte. Das war, fürs erste zumindest, weniger anstrengend, als zu radeln. Bis zu den Kolossen würde er das Rad erst einmal schieben, und dann würde er weitersehen.

Mit der Zeit wurde das Schieben jedoch so anstrengend wie vorher das Fahren, zumal die Straße anzusteigen begann. Ab und zu hielt er nach einem Taxi Ausschau, in das er ohne Zögern eingestiegen wäre. Doch es war kein Taxi zu sehen. Kein Taxi fuhr von Luxor zu den Königsgräbern. Und keines von den Königsgräbern nach Luxor. Auch die Kolosse waren noch nicht in Sicht, obwohl man sie doch von weitem schon hätte ausmachen müssen. Andererseits: weiterhelfen würden sie ihm auch nicht. Zwar sagte man einer der Statuen nach, daß sie singen könne. Aber Fahrräder reparieren konnte sie sicherlich nicht.

Stephan spürte Heimweh. Heimweh nach seiner Frau und nach dem Teltowkanal. Er wäre gern der geflügelte Knabe vom Lilienthaldenkmal gewesen. Er hätte gern den Menschenflug gemacht. Über alle Kolosse und alle Königsgräber hinweg und Richtung Berlin. Außerdem spürte er, daß ihm sein Herz weh tat.

Wäre nicht in diesem Moment ein Auto neben ihm hergefahren, dann hätte er wahrscheinlich zu heulen begonnen. Bei dem Auto handelte es sich um einen Toyota Pickup, wie ihn auch die Touristenpolizei benutzte. Die Touristenpolizei interessierte ihn nicht. Es war ja schließlich nicht verboten, einen Platten zu haben. Er blickte nicht einmal auf, bis ihm eine weibliche Stimme durch das Wagenfenster zurief: »Problems?« Die Stimme kannte er. Und das Gesicht auch. Es war die rotblonde Dame aus dem Mena House. Die akademische Rätin aus Oxford. Die Schwimmerin. Er erschrak und antwortete: »Ich habe einen Platten.« Die Frau rief: »Ich nehme Sie mit« und drückte auf die Bremse. Dann stieg sie aus, sagte: »So sieht man sich wieder«, öffnete die Ladeklappe des Wagens und wollte ihm das Fahrrad aus der Hand nehmen, um es auf die Ladefläche zu befördern.

Er hätte es beinahe geschehen lassen, so überrascht war er. Sowohl von der Frau, die sich gleich an ihn erinnert hatte, als auch von der Tatsache, daß sie Deutsch sprach. Schließlich nahm er ihr das Fahrrad wieder aus der Hand, sagte: »Das mache ich schon« und wuchtete es auf die Ladefläche. Dann setzte er sich neben sie auf den Beifahrersitz und atmete erst einmal tief durch. Die Frau fuhr weiter in Richtung Wüste und schwieg. Vielleicht hörte sie ihn auch schnaufen und wollte ihn zur Ruhe kommen lassen, bevor sie ein Gespräch anfing.

Nachdem sie einige Zeit geschwiegen hatten, sagte die Frau, daß sie Deutsche sei und daß sie beide sich schon im Mena House auf deutsch hätten verständigen können. Er gestand ihr, sie für eine englische Archäologin gehalten zu haben, worauf sie sagte, daß dies hoffentlich ein Kompliment gewesen sei. »Auf jeden Fall«, sagte er und fügte hinzu, daß englische Archäologinnen sich durch Mut, Intelligenz und Attraktivität auszeichneten. Wie viele er denn kenne, wollte sie wissen, worauf er erwiderte: »Keine einzige.« »Habe ich mir doch gedacht«, sagte sie und erzählte ihm, daß sie keine Engländerin, sondern Deutsch-Spanierin und Professorin für Ägyptologie an der Universität Bonn sei und Mercedes heiße. Ihre Großmutter mütterlicherseits habe auch Mercedes geheißen.

»Dann ist Ihr Vater Deutscher«, fragte er zurück. »Er lebt nicht mehr«, sagte sie. Schon viele Jahre nicht mehr. Und ihre Mutter auch nicht, schließlich sei sie selbst ja schon im Großmutteralter. »Für spanische Verhältnisse«, bemerkte er, »da werden die Frauen ja schon mit Ende Dreißig Großmutter.« »Schmeichler«, erwiderte sie und blickte ihn für einen kurzen Moment auf die gleiche Weise an, wie sie es im Mena House schon einmal getan hatte. Dann fragte sie ihn, ob er gar nicht wissen wolle, wohin sie führen. Er sagte: »Aber ja«, obwohl es gar nicht stimmte. Er hatte unbedingtes Vertrauen zu ihr und wäre ihr in diesem Moment überallhin gefolgt. Sie sagte, daß sie auf dem Weg zu ihrem Arbeitsplatz seien. Sie leite die Arbeit an einem schon länger entdeckten, bisher nicht ausgewerteten Grab im Tal der Könige, welches zwar nicht allzu bedeutend sei, sich aber in unmittelbarer Nähe zum Grab des Tutanchamun befinde und somit bedeutend genug sei, um wissenschaftlich ausgewertet zu werden.

Ein Ramsesgrab, und wahrscheinlich das des Nachfolgers von Ramses dem Elften, den man aber nicht einfach Ramses den Zwölften nennen könne, weil das die ganze Ramseschronologie über den Haufen werfen würde. Sie und ihre Kollegen bezeichneten das Grab darum auch nicht als Ramsesgrab, sondern würden es nur KV 49 nennen. Wobei KV natürlich nicht für Köchelverzeichnis stehe, sondern für Kings' Valley. Außerdem habe besagter Ramsesnachfolger, ob es sich nun um Ramses den Zwölften oder aber um einen Vorgänger von Smendes oder Amenemnesu beziehungsweise Neferkare handle, was aber auch nur Spekulation sei, gar nicht in dem Grab gelegen.

»Das klingt ja abenteuerlich«, sagte Stephan, worauf sie nur ein »Geht so« erwiderte. Dann wollte sie wissen, ob auch er einen so abenteuerlichen Beruf habe, so daß er nicht umhinkam, ihr zu erzählen, daß er den

Bereich Deutsch als Fremdsprache an einer Berliner Universität leite und vor allem für die Verwaltung und Organisation zuständig sei. »Keine Lehre?« fragte sie. »Nur in Ausnahmefällen«, sagte er, worauf sie meinte, daß ihn gewiß viele Kollegen um eine Professur ohne Lehrverpflichtung beneiden würden.

Nun mußte er ihr gestehen, daß er kein Professor war, sondern nur Akademischer Rat. Das war im Grunde kein Problem für ihn. Er hatte längst seinen Frieden damit gemacht. Er hatte ja sogar seinen Frieden damit gemacht, daß er nicht mal Akademischer Oberrat war. Auch wenn es einmal eine Zeit gegeben hatte, wo er von einer Professur geträumt hatte. Von der dazu notwendigen Habilitationsschrift hatte er auch geträumt. Ohne sie jemals zu schreiben. Er war für die Habilitationsschrift einfach zu wenig ehrgeizig und schlicht zu faul gewesen. Er war im Grunde schon für die Doktorarbeit zu wenig ehrgeizig gewesen, hatte sich aber durchgebissen. Daß er zu faul für die Habilitationsschrift gewesen war, hing wohl auch damit zusammen, daß ihm die soziale Motivation dafür gefehlt hatte. Schließlich brachte einem die Habilitation außer dem nach Vorruhestand klingenden Titel Privatdozent und einer unbezahlten Lehrverpflichtung vorerst nichts ein. Hinzu kam, daß ihm die Ratsstelle mehr oder weniger nachgetragen worden war. Aufgrund eines Dringlichkeitsbeschlusses wegen der damals gerade sprunghaft wachsenden Studentenzahl im Bereich Deutsch als Fremdsprache hatte es nur eine interne Ausschreibung gegeben, und er stand faktisch ohne Mitbewerber da. Wer hätte da nicht zugegriffen.

Als er Mercedes gestand, daß er kein Professor, sondern nur Akademischer Rat war, meinte sie, daß er also ein echtes Problem habe. »Ja«, sagte er, »und ein unlösbares dazu.« »Und einen Reifenschaden an Ihrem Damenrad haben Sie auch«, ergänzte sie, worauf er sagte, daß er gehofft hatte, sie übersähe, daß es sich bei seinem Rad um ein Damenrad handelte. »Wo denken Sie hin«, sagte sie, »ich bin Archäologin.« Nun bogen sie von der Hauptstraße in eine Schotterstraße ab, die unmittelbar zu den Gräbern führte, und ihm fiel ein, daß er die Kolosse gar nicht gesehen hatte. Offensichtlich hatte er sie übersehen. Während sie in Richtung Ramsesgrab beziehungsweise KV 49 fuhren, schlug Mercedes ihm vor, im Tal zu bleiben, seine Besichtigungen zu machen und sich, wenn er wolle, auch an ihrem Arbeitsplatz umzusehen. Sie würde ihn gegen Abend wieder mit nach Luxor nehmen und im Hotel absetzen. Samt Damenrad.

Stephan war einverstanden, auch wenn er fand, daß sie sich den Nachsatz hätte sparen können. Aber sonst war er dankbar für den Vorschlag und freute sich, ihr bei der Arbeit zusehen und auch einen Blick in ein Grab werfen zu können, das der Öffentlichkeit unzugänglich war. Besichtigen wollte er natürlich das Grab des Tutanchamun. Aber schon beim Vorbeifahren hatte er gesehen, daß sich vor dem Grab eine so enorme Warteschlange gebildet hatte, daß er entschied, auf die Be-

sichtigung zu verzichten. Wenn er schon die Cheopspyramide nicht gesehen hatte, dann brauchte er auch
das Grab des Tutanchamun nicht zu sehen. Schlangestehen bekam ihm nicht. Schlangestehen in der Wüste
erst recht nicht. Das Grab war ohnehin leer, die
Schätze konnte man im Kairoer Museum betrachten,
das er allerdings auch nicht besucht hatte.

Das Grab, an dem Mercedes arbeitete, lag zwar in der
Nähe von dem des Tutanchamun, aber zugleich ein
wenig abseits in einer Felsnische. Vor dem Grabein-
gang war ein Zeltdach gespannt, unter dem Stühle
und ein Tisch standen, auf dem diverse Unterlagen
ausgebreitet waren. Ein ägyptischer Wächter be-
wachte die Anlage, und außer dem Mann und Mercedes war niemand sonst zu sehen. Als er Mercedes nach
den anderen fragte, sagte sie, daß sie zur Zeit allein sei.
Ihre Kairoer Begleiter seien ein Kollege aus Zürich
und zwei seiner Doktoranden gewesen, die in der
Nähe von Gizeh ein Projekt hätten, an dem sie arbei-
teten. Sie selbst würde in vierzehn Tagen von einem ihrer Bonner Kollegen abgelöst werden, denn allzu lange
könne man es hier nicht aushalten. Die Arbeit sei zwar
interessant, aber auch sehr eintönig, und auch die
ständige Sonne sei man irgendwann leid. Wobei sie,
um die Wahrheit zu sagen, im Moment auch gar nicht
damit beschäftigt sei, Funde aus dem alten Ägypten zu
sichten und zu registrieren, sondern solche aus der
Zeit von Howard Carter, der dieses Grab ja als erster
entdeckt, alsbald aber wieder verschlossen und sich

erst einmal dem wichtigeren Tutanchamungrab zugewandt habe. Sie erforsche momentan nicht das ägyptische Altertum, sondern die Entdeckungsgeschichte
des ägyptischen Altertums. Sie betreibe demnach so
etwas wie Wissenschaftsgeschichte der Ägyptologie.
Dann forderte sie Stephan auf, sie in das Innere des
Grabes zu begleiten, das mit elektrischem Licht ausge-
stattet und mit zahlreichen Kisten vollgestellt war, in
denen sich, den Aufschriften nach, Holz, Stoff, Knochen, Steine, Scherben und Metall befanden. Ein einziger Behälter enthielt sogenannte Ostraka, Tonscher-
ben also, die allerdings nicht im Grab selbst, sondern
außerhalb des Grabes gefunden worden waren und
die mit Arbeitsnotizen und Bauzeichnungen der
Handwerker versehen seien.

Die Bedeutung der Ostraka hatte Stephan sogleich
eingeleuchtet. Was man aber mit Stoffresten oder
Metallteilen aus der Zeit Howard Carters anfangen
sollte, war ihm nicht klar. Als er Mercedes fragte, ob
sie in dem Grab nicht auch ein funktionierendes Damenrad gefunden hätten, meinte sie, ihm mit ein paar
Eselknochen dienen zu können. Die seien schon ausgewertet, frühes zwanzigstes Jahrhundert, die könne
er haben. Sie war zum Glück ein humorvoller Mensch,
der über die eigene Arbeit lachen konnte. Daß sie diese
Arbeit auch mit großem Ernst betrieb, konnte Stephan
in den folgenden Stunden beobachten, in denen sie
schweigsam und konzentriert unter dem Zeltdach saß
und immer neue Objekte unter die Lupe nahm, ver-

maß, einige davon auch fotografierte, mit Etiketten versah, in eine Art Registerbuch aufnahm und wieder in die jeweilige Kiste zurückbeförderte. Sie hatte dabei ihre Kappe mit dem Nackenschutz abgesetzt und auch ihre Jacke ausgezogen. Und sie hatte wie in Kairo Arbeitsschuhe, Cargohosen und ein weißes, ärmelloses T-Shirt an, das mehr an ein Männerunterhemd als an ein T-Shirt erinnerte und unter dem sie einen Sport-BH trug.

Sie gefiel ihm. Nicht nur wegen des Unterhemds. Auch ihr rotblondes, mit einem Band zusammengehaltenes Haar, ihre von der Sonne gebräunten Schultern und selbst die kurzen blonden, ebenfalls ein wenig rötlich schimmernden Haarbüschel unter den Achseln gefielen ihm. Glücklicherweise ließ sie sich weder von ihm noch von Touristen stören, die an dem Grab vorbeikamen und neugierig die Frau bei ihrer Arbeit beobachteten. Auch die unablässig auf das Zeltdach brennende Sonne und die staubige Hitze, die das ganze Tal erfüllte, schienen sie nicht wirklich zu beeindrucken.

Stephan hatte sich noch ein wenig im Vorraum des Grabes umgesehen und war schließlich aufgebrochen, um eines der kleineren Gräber zu besichtigen, in die man ohne Wartezeit hineinkam. Das Grab, ein eher unbedeutendes Prinzengrab, zeichnete sich durch einen äußerst langen und flach in den Berg getriebenen Gang aus, dessen Seitenwände mit bunten, geradezu kindlich anmutenden ägyptischen Figuren bemalt worden waren. Er fragte sich, während er den Gang

hinabging und die Figuren zugleich an sich vorbei-
schreiten und zuweilen, wenn er seinen Schritt be-
schleunigte, auch vorbeitanzen ließ, ob die Ägyptolo-
gen eigentlich wußten, daß die alten Ägypter nicht nur
den Comic strip, sondern auch das Daumenkino erfunden hatten. Eines zum Hindurchgehen allerdings.
Die Besichtigung des Grabes hatte ihn irgendwie er-
heitert. Der Weg dorthin aber war sehr beschwerlich
gewesen. Das Tal der Könige war nicht gerade ein
Kurpark. Schottersteine, Hitze und die unablässig die
Sonne reflektierenden Kalksteinfelsen hatten ihm zu
schaffen gemacht, so daß er froh war, irgendwann
auch den Rückweg hinter sich gebracht und das vertraute schattenspendende Zeltdach erreicht zu haben,
unter dem Mercedes noch immer ihrer Arbeit nach-
ging. Sie blickte auch nur kurz auf, als sie ihn sah, und
sagte ihm, daß er sich ausruhen könne, wenn er wolle.
Dabei zeigte sie auf eine geflochtene Liege, die gleich
in der Nähe des Grabeingangs und im Felsenschatten
stand. Er bedankte sich und streckte sich auf der Liege
aus.
Er hatte das Gefühl, daß ihn aus dem Grab kühle Luft
anwehte. Irgendwann hörte er sogar Blätter rauschen.
Das war wahrscheinlich Mercedes gewesen, die mit
ihren Papieren raschelte. Das Rascheln der Blätter sowie die Anwesenheit der still vor sich hin arbeitenden
Archäologin wiegten Stephan bald in einen dämmer-
haften, schlafähnlichen Zustand. Das Bild einer italienischen Landschaft stieg in ihm auf, irgendwo in den

Albaner Bergen, wo er einmal an einem heißen Augusttag vor einem Nymphäum, einer von feenhaften Libellen umschwirrten Bergquelle, eingeschlafen war. Auch dort war es kühl gewesen, und auch dort hatten die Blätter geraschelt, während draußen, außerhalb seines Schattenreichs, die Mittagssonne brannte. Jetzt träumte er, daß er friedlich schlief, sich mit säuglingshafter Seligkeit dem italienischen Dämmerschlaf hingab. Irgendwann aber verwandelte sich sein Traumbild, was wohl auch daran gelegen haben mag, daß die Sonne tiefer gesunken, der Felsenschatten schmaler geworden und er nun der Nachmittagssonne ausgesetzt war.

Ihm wurde heiß, er begann im Halbschlaf zu schwitzen, und er träumte nicht mehr von einer kühlen Quelle und feenhaften Wesen, sondern davon, wie er einen stickigen und zusehends schmaler werdenden Gang hinabstieg, an dessen Ende eine Tür war. Er öffnete die Tür und betrat einen Raum, in dem eine unbekleidete Frau auf einer Holzkiste saß, die den Körper eines jungen Mädchens und das Gesicht seiner nicht mehr jungen Mutter hatte und ihn aufmerksam ansah. Er hätte gar nicht erst, wie er es später dann getan hatte, in Freuds *Traumdeutung* die Bemerkung zu lesen brauchen, daß das Eindringen in enge Räume und das Öffnen verschlossener Türen zur gebräuchlichsten sexuellen Symbolik gehörte, um noch im Schlaf zu wissen, daß er sich auf gefährlichem Terrain befand. Wobei es nicht die inzestuöse Verlockung war, die ihm so gefährlich erschien. Ihr hatte er im Traum trotz des Ausblicks auf den Mädchenkörper sehr gut widerstehen können. Schließlich war da dieses Gesicht. Gefährlich kamen ihm vielmehr die zunehmende Temperatur vor, die, ganz wie in der Pyramide, immer mehr anstieg, je länger er dort verweilte, sowie die Tatsache, daß mit zunehmender Erwärmung das Licht in dem Raum immer schwächer wurde und schließlich ganz erlosch.

Er schwitzte, schnappte nach Luft und war bald von vollständiger Schwärze umgeben. Es war so dunkel, daß er die Frau nicht mehr sehen konnte. Daß sie noch dort war, dessen war er sich sicher, aber weder sie noch die Kiste, noch irgend etwas anderes war in der Dunkelheit auszumachen. Er schloß für einen Moment die Augen, um sich ganz auf sein Gehör zu konzentrieren. Nachdem er einige Sekunden gelauscht und nicht das leiseste Geräusch registriert hatte, spürte er plötzlich und ohne jede Vorwarnung den Atem der Frau so dicht vor seinem Mund, daß er ihn unwillkürlich einatmete.

Er schrie auf – sowohl im Traum wie in der Realität. Letzteres erkannte er daran, daß zuerst der Wächter, der die ganze Zeit am Rand des Zeltdachs auf einem Hocker gesessen hatte, und dann auch Mercedes aufgesprungen war. Nachdem beide sich vergewissert hatten, daß ihm nichts passiert war, setzte sich der Wächter wieder, während Mercedes an seine Liege trat und fragte, was los sei. »Nur schlecht geträumt«, sagte er, während sie für einen kurzen Moment seine Stirn mit ihrer Hand berührte und dann sagte: »Sie sind schweißnaß.« Ihre Hand war trocken und kühl, und er hätte nichts dagegen gehabt, wenn sie noch länger auf seiner Stirn liegengeblieben wäre. »Es ist die Sonne«, sagte er und wies zugleich auf den Schatten, der weitergewandert war und ihn in der Sonne zurückgelassen hatte. Mercedes antwortete nur, daß man sich in Afrika auch an der Abendsonne verbrennen könne.

Mit dieser Bemerkung wandte sie sich wieder von ihm ab und begann damit, ihre Papiere und Aufzeichnungen zu sortieren und einiges davon in einer Aktentasche zu verstauen. Anscheinend hatte sie für heute genug getan, und sie konnten aufbrechen. Nachdem sie ihre Papiere verstaut hatte, wies sie den Wächter an, alles andere in dem mit einer Eisentür gesicherten Vorraum des Grabes zu verschließen. Der Wächter blieb am Grab, möglicherweise schlief er auch dort, während sie sich in den Toyota setzten und Richtung Luxor fuhren. »Ich freue mich schon auf den Pool«, sagte er, als sie von dem Schotterweg auf die Hauptstraße abbogen, worauf sie mit einem »Beneidenswert« reagierte, so daß er Mut bekam, sie zu fragen, ob sie ihren Badeanzug dabeihabe und mitkommen wolle. Sie sagte zu. Ihr Schwimmzeug und ein Badetuch habe sie immer im Wagen, da sie des öfteren nach der Arbeit in eines der Touristenhotels zum Schwimmen gehe. Sie und ihre Kollegen seien in einer Privatwohnung untergebracht, welche die Universität Bonn angemietet habe, und einen Pool gebe es dort natürlich nicht.

Als sie die Hoteleinfahrt erreicht hatten, stand die Sonne bereits tiefrot am Horizont. Am Pool waren nur noch wenige Gäste. Die meisten hatten sich entweder in ihre Bungalows zurückgezogen, um sich auf das Abendessen vorzubereiten, oder sie hatten sich auf der kleinen, stufenförmig angelegten Terrasse direkt über dem Flußufer niedergelassen, wo während des Sonnenuntergangs klassischer Musik gelauscht wurde. Diesmal war es kein Verdi, sondern Wagner, irgendeines seiner Opernvorspiele, aus *Rheingold* oder der *Götterdämmerung*. Angelockt von den Klängen und nachdem er das beschädigte Fahrrad zurückgegeben hatte, beschlossen sie, sich vor dem Schwimmen ebenfalls einen Moment dort hinzusetzen. Man konnte diese abendliche Musikstunde als kitschiges Touristenvergnügen empfinden, und hätte ihm jemand davon erzählt, hätte er die Nase gerümpft. Wenn man aber dort saß, der sinkenden Sonne nachsah und die sich langsam in schwarze Schatten verwandelnden Kühe und Ochsen im gegenüberliegenden Ufergras betrachtete, während die Ibisse über dem Wasser kreisten und der Wiedehopf noch einen letzten Sturzflug in den dunkelrot aufflammenden Fluß machte, dann war es kein Kitsch, sondern Balsam für die erholungsbedürftige Touristenseele.

Zumal die Hotelgäste alle großen Respekt vor der von Wagnerklängen erfüllten Stille zeigten. Auch die älteren Herren mit den karierten Hosen, die hier ebenfalls nicht fehlten, lauschten andächtig der Musik. Wobei er sich als unbeteiligter Beobachter schon hätte fragen können, was so ein Amerikaner eigentlich dachte, wenn er hier am Nil saß, Wagner hörte, auf das Wasser sah und die Fellachen dabei beobachtete, wie sie ihre Tiere aus dem Schilfgras zurück in die Verschläge führten. Als unbeteiligter Beobachter hätte er sich natürlich genausogut fragen können, was er selbst eigentlich dachte, wenn er hier zwischen Schweizern, Amerikanern und ein paar Franzosen meist mittleren Alters darauf wartete, daß Wagners Rheintöchter gleich mit dem Wagalaweia beginnen würden, während unten am Flußufer die Kinder der Fellachen dabei waren, trockenes Schilflaub und dürres Brennholz zu sammeln und in ihre irgendwo hinter der nächsten Flußbiegung liegenden Lehmhäuser zu tragen.

Er war aber kein unbeteiligter Beobachter, und er dachte allenfalls einen kurzen Moment daran, daß so ein abendliches Konzert wie Freizeitgestaltung nach Kolonialherrenart aussah – wenn überhaupt. Ihn bewegte vielmehr die Frage, wie der Abend wohl weitergehen würde und ob er gerade dabei war, eine harmlose Urlaubsbegegnung in seinem Hotelbett enden lassen zu wollen. Normalerweise tat er so etwas nicht, schließlich war er verheiratet. Aber normalerweise saß er auch nicht bei Sonnenuntergang mit einer nicht mehr jungen, aber attraktiven Archäologieprofessorin, die Mercedes hieß, Männerunterhemden und

Arbeitsschuhe mit Eisenkappen trug, am Nilufer und hörte Wagner.

Eine perfekte Dramaturgie der Hoteldirektion hatte dafür gesorgt, daß die Ouvertüre mit dem endgültigen Eintauchen der Sonne hinter dem Horizont endete. Auf das Wagalaweia und den Einbruch der Dunkelheit wollten sie nicht mehr warten, sondern gingen hinüber zum Pool, wo sie sich in den Kabinen umkleideten und ein paar Runden schwammen, Mercedes auch hier sportlich und mit Kraulschlag, während er sich, auf dem Rücken liegend, eher treiben ließ und herumpaddelte. Danach nahmen sie ihre Sachen und gingen, noch naß und mit umgehängten Handtüchern, in den Bungalow.

Als Stephan Mercedes fragte, ob sie ins Bad gehen wolle, um sich abzutrocknen und umzuziehen, meinte sie nur: »Nicht nötig, ich trockne mich hier ab.« Sie bat ihn aber, die Tür und die Vorhänge zu schließen. Dann zog sie sich den Badeanzug aus, während er sich zuerst um die Tür und die Vorhänge kümmerte und dann ebenfalls rasch abtrocknete und aufs Bett legte. Die Vorhänge hatte er bis auf einen kleinen Spalt geschlossen und sah nun im Dämmerlicht, wie Mercedes sich zuerst den Körper und dann die Haare trocknete. Sie tat es auch jetzt wieder mit hocherhobenen Armen und kreisenden Beckenbewegungen, und er konnte ihren sportlichen Körper bewundern, der nun allerdings, wo sie nackt war, einen noch größeren Kontrast zu ihrem Gesicht bildete, das eben das Gesicht einer älteren, fünfundfünfzig- oder gar sechzigjährigen Frau war.

Er hatte bisher nicht gewagt, sie nach ihrem Alter zu fragen. Und würde es auch jetzt nicht tun. Er konnte schlecht das Alter anderer Menschen schätzen, was wohl mit seinem eigenen diffusen Altersgefühl zusammenhing. Und er wollte jetzt auch gar nicht wissen, wie alt sie wirklich war. Das redete er sich zumindest ein. Andererseits wäre es ihm doch ein wenig unheimlich gewesen, mit einer sechzigjährigen Frau ins Bett zu gehen, zumal er dazu neigte, sich in intimen Situationen allem Augenschein und aller Realität zum Trotz um einiges jünger zu fühlen, als er war, und sich darum auch über eine deutlich jüngere Partnerin gar nicht gewundert hätte. Über eine deutlich ältere Partnerin wunderte er sich schon. Er wollte sich aber nicht wundern, sondern sich viel lieber dem Augenblick hingeben.

Der Goethesatz, den er über seinen Schreibtisch geheftet hatte, ging ihm durch den Kopf, als Mercedes sich zu ihm auf das Bett legte, sie sich küßten und miteinander zu schlafen versuchten. Daß es vorerst bei einem Versuch blieb, lag zum einen daran, daß er nun, als sie sich, noch kühl vom Schwimmen und nach Chlorwasser riechend, in den Armen hielten, an Helen denken mußte. Sie hatte wegen Ruth auf den Urlaub verzichtet, und er lag mit einer fremden Frau im Bett. Er hatte ein schlechtes Gewissen, und das tat ihm nicht gut. Weder seelisch noch körperlich. Er fühlte sich zwar auch in dieser intimen Situation eher wie ein Dreißigjähriger und nicht wie ein Fünfzigjähriger, aber er fühlte sich wie ein Dreißigjähriger mit Herzbeklemmungen, Gewissensbissen und Durchblutungsstörungen.

Am liebsten wäre er geflohen, hätte Mercedes sich nicht geradezu mädchenhaft unbefangen und außerordentlich liebenswürdig verhalten. Wie eine verspielte junge Frau, die sich darum bemühte, ihrem ängstlichen und schwächelnden Liebhaber auf die Sprünge zu helfen. Das gelang ihr schließlich auch, so daß sie beide am Ende nicht unbedingt glücklich, doch immerhin erschöpft für einen Moment ganz still beieinanderlagen und sich in diejenigen zurückverwandelten, die sie waren. Wozu auch die Tatsache gehörte, daß sie sich noch immer siezten.

»Ich lasse Sie jetzt allein«, sagte Mercedes, nachdem sie das Bett verlassen, sich geduscht und angekleidet und ihm einen Kuß auf die Stirn gedrückt hatte. Dann wollte sie gehen, ohne daß er sie bis zum Auto oder auch nur bis zur Tür hätte begleiten dürfen. »Bleiben Sie ruhig liegen«, hatte sie gesagt, »ich finde den Weg«, wobei sie, während sie schon die Türklinke in der Hand gehalten und ihm einen letzten Blick zugeworfen hatte, doch noch zum Du gewechselt war und sich mit dem Satz verabschiedet hatte: »Ich werde mich gern an dich erinnern.«

Das war zwar eine sehr entschiedene, aber zugleich auch schonende Abschiedsgeste gewesen. Eine Geste, zu der möglicherweise nur Frauen ihres Alters fähig waren. Seine Antwort fiel denn auch etwas unbeholfener aus: »Ich auch, ich auch an dich«, hatte er ihr aus dem Bett heraus nachgerufen – zugleich froh darüber, daß seine Worte durch die zufallende Bungalowtür übertönt worden waren.

Den Rest seines Aufenthalts in Luxor verbrachte er zumeist im Hotel oder auf der Uferpromenade, wo er das Treiben der Händler, Felukenfahrer und Touristen beobachtete. Auf Besichtigungen hatte er keine Lust mehr, auch wenn er sich mit dem Taxi sowohl zum Tempel der Hatschepsut als auch zur Anlage von Karnak fahren ließ. Der Abschied von Mercedes hatte ihn traurig gestimmt. Und nicht nur das: Er hatte ein geradezu elendes Gefühl des Verlassenseins in ihm ausgelöst, das er zwar als vollkommen unangemessen empfand, das aber dennoch tagelang nicht von ihm weichen wollte. Und die ägyptischen Altertümer, die übermächtigen Ramsesstatuen und Lotossäulen, vor denen er in Karnak stand, waren auch nicht dazu angetan, ihn aufzuheitern. Genausowenig wie die Tatsache, daß zwei Museumswärter auf dem Gelände von Karnak versucht hatten, ihm einen Gesteinsbrocken anzudrehen, bei dem es sich um das Fragment einer Sphinxtatze handeln sollte, die wiederum, so die Wärter, aus der zum Teil noch gar nicht ausgegrabenen Sphingenallee stammte, die einmal Luxor mit der Tempelanlage von Karnak verbunden hatte.

Er kaufte die Tatze natürlich nicht, obwohl sie ein

enorm dekoratives Mitbringsel gewesen wäre. Und er kaufte auch keine Katzenmumie, die ihm einer der Felukenfahrer an der Uferpromenade aufschwatzen wollte. Der Mann hatte sozusagen Stein und Bein darauf geschworen, daß es sich um eine echte altägyptische Mumie handelte, und er wollte ihn unbedingt dazu überreden, sich das Tier in seinem Haus auf der anderen Seite des Flusses anzusehen. Die Überfahrt wäre sogar gratis gewesen, aber Stephan hatte trotzdem abgelehnt. Er konnte seiner Frau schlecht einen Katzenkadaver mit nach Hause bringen. Weder einen zweitausend Jahre alten noch einen, der möglicherweise nur ein paar Monate im Sand oder in irgendwelchen Chemikalien gelegen hatte und dann mit künstlich auf alt getrimmten Baumwolltüchern umwickelt worden war.

Außer einem Bildband und ein paar Hotelprospekten brachte er gar nichts mit, was Helen auch nicht erwartete. Sie pflegten sich nicht mit Reiseandenken zu beschenken. Sein schlechtes Gewissen wegen Mercedes hatte sich auf dem Rückflug wunderbarerweise ebenso verflüchtigt wie sein Verlassenheitsgefühl. Je mehr sich das Flugzeug Deutschland näherte, um so mehr rückte die Reise in die Vergangenheit und kam ihm, als er wieder Berliner Boden unter den Füßen hatte, fast wie eine Episode aus einem anderen Lebensabschnitt, wenn nicht aus einem anderen Leben vor. Und während er im Taxi saß und unter einem regengrauen Himmel Richtung Steglitz fuhr, sahen der

Nil und die Pyramiden für ihn schon wieder genauso aus wie vorher: Postkartenbilder, Postermotive. Und eine rotblonde deutsch-spanische Archäologin namens Mercedes, die Männerunterhemden sowie Schuhe mit Eisenkappen trug, unter einem Zeltdach im Tal der Könige Howard Carters Werkzeugkasten katalogisierte und ihn in sein Hotelzimmer begleitet hatte, die konnte es nach menschlichem Ermessen gar nicht gegeben haben.

III

In Berlin erwarteten ihn gute Nachrichten: Ruth ging es besser. Sie war zwar noch nicht wieder zu Hause, sondern in einer Klinik, aber die schlimmsten Befürchtungen hatten sich nicht eingestellt. Wohl litt sie unter einer Eßstörung, aber es handelte sich um eine leichtere Form, die durch entsprechende, auch psychotherapeutische Maßnahmen behandelt wurde. Sie hatte sogar schon wieder an Gewicht zugenommen, wollte aber von sich aus noch in der Klinik bleiben. Die weniger gute Nachricht war, daß sich die Klinik in Norddeutschland, irgendwo in der Nähe von Rendsburg, befand. Stephan hätte Ruth gern besucht, aber Helen meinte, zu viel Familie könne sich eher belastend auswirken und vorerst sollten sie Ruth lieber in Ruhe lassen. Julia werde demnächst für ein Wochenende zu ihrer Schwester fahren. Auf seine Frage, weshalb Ruth nicht in Berlin untergebracht sei, meinte sie nur: »Eben deshalb.« Zwar war ihm die Begründung ein wenig zu lakonisch, aber er wollte keinen Streit beginnen, zumal Helen ihm versicherte, daß die Klinik einen hervorragenden Ruf habe. Sie sei ihr von Sebastian empfohlen worden, und Sebastian habe auch dafür gesorgt, daß Ruth sofort einen Therapieplatz erhalten habe, was normalerweise nicht so einfach sei.

»Sebastian?« fragte er zurück. »Wieso Sebastian?« Sebastian war Helens Ex-Ehemann, der immer noch regelmäßigen Kontakt mit seinen Töchtern und auch mit Helen hatte, der aber in ihrem Alltagsleben keine besondere Rolle spielte. Zumindest hatte Stephan seinen Namen seit längerem nicht mehr gehört. Und er wollte ihn auch nicht hören. Sebastian ging ihm auf die Nerven. Schon der Name störte ihn. Helen aber schien, seit sie sich getrennt hatten, besser denn je mit Sebastian klarzukommen. So gut, daß er schon einige Male gereizt reagiert hatte, was dazu führte, daß sie immer noch gut mit Sebastian klarkam, ihn dies aber nicht mehr wissen ließ.

Stephan war sich bewußt, daß Sebastian ihn auch deshalb störte, weil der es beruflich weiter gebracht hatte. Sebastian war ein hochrangiger Beamter beim Berliner Senator für Gesundheit und Soziales. Senatsdirektor oder etwas in der Art. Vielleicht auch bereits Staatssekretär. Helen hatte einmal behauptet, daß Sebastian das Zeug zum Gesundheitssenator habe. Worauf Stephan nur erwidert hatte, daß Sebastian aber nicht das Zeug dazu habe, noch immer ihr Ehemann zu sein. »Das stimmt«, hatte sie geantwortet, »dazu bedarf es ganz besonderer Eignungen, und die hast nur du.« Dann hatte sie ihm einen Kuß auf den Mund gedrückt, ihn an die Hand genommen, ins Schlafzimmer geführt und ihm gezeigt, was für ein Mann er war.

Zumindest für diesen Tag hatte sie ihm jede Eifersucht auf Sebastian genommen. Daß Sebastian seine Töch-

ter heiß und innig liebte, mußte er akzeptieren, auch
wenn er nichts dagegen gehabt hätte, wenn Ruth und
Julia Sebastian wiederum heiß und innig blöd gefunden hätten. Blöd war Sebastian allerdings nicht. Häß-
lich auch nicht. Zudem höflich und wohlerzogen.
Außer daß Sebastian intelligent war, gut aussah, bestens verdiente, über ein tadelloses Benehmen verfügte
und möglicherweise inzwischen Staatssekretär war,
hatte er Stephan nichts getan. Er war immer freundlich zu ihm gewesen, nur ein einziges Mal hatte er sich
über Deutsch als Fremdsprache lustig gemacht. Und er
vermittelte Helen regelmäßig Supervisionen sowie lu-
krative Gastvorträge bei Seminaren für Führungskräfte.
Er sorgte für ihren guten Ruf in Senatskreisen, was
natürlich in alle möglichen Richtungen ausstrahlte und
ihr zudem ein paar gutsituierte Privatpatienten ein-
brachte.
Genügend Privatpatienten hätte sie sicher auch ohne
ihn gehabt. Supervisionen und Gastvorträge allerdings
nicht. Sie trugen aber nicht unwesentlich zu ihrer bei-
der Einkommenssituation bei. Mit Supervisionen und
Vorträgen verdiente sie zu gewissen Zeiten beinahe so
viel dazu, wie er mit seiner halben Ratsstelle verdiente.
Von den Zuwendungen, die Sebastian Ruth und Julia
zugute kommen ließ, gar nicht zu reden. Sebastian
hatte ja auch kein weiteres Mal geheiratet, und Kinder
mit einer anderen Frau hatte er ebenfalls nicht. »Wahrscheinlich ist er schwul, du hast es nur nicht gemerkt«,
hatte er einmal zu Helen gesagt, als sie über Sebastians

Junggesellenleben und seine Großzügigkeit gegenüber Ruth und Julia gesprochen hatten. Helen hatte sich aber nicht provozieren lassen und nur mit einem »Du würdest dich wundern« geantwortet, was er zwar nicht ganz verstanden hatte, aber dennoch ärgerlich fand. Wie auch immer: Tatsache war, daß Sebastian nicht nur an Ruth und Julia hing, sondern beide Töchter geradezu abgöttisch liebte. Und es war zu befürchten, daß seine Frau Sebastian nicht zuletzt deshalb noch immer mehr mochte, als Stephan lieb sein konnte.

Weniger gut war auch die Tatsache, daß Helen für ein paar Tage zu einer Fortbildungsveranstaltung verreisen wollte – mit Sebastian. Auf seine Frage, ob sie Sebastian fortbilde oder er sie, hatte sie nur gelacht und ihm erklärt, daß es sich um ein Seminar über Bindungstheorie handle, das vom Senator für Gesundheit und Soziales unterstützt werde, und Sebastian als zuständiger Senatsvertreter eben dabei sei. Dann hatte sie noch gesagt, er könne ja mitkommen, wenn er wolle, Weiterbildung sei immer gut. Sie hatte ihr Angebot ernst gemeint, was wiederum seinen Unmut gegen die Tatsache ein wenig gemildert hatte, daß Helen sich tagelang in irgendeiner oberbayerischen Tagungsstätte zusammen mit Sebastian aufhalten würde.

Mitfahren auf die Tagung wollte er natürlich nicht. Erstens hätte er sich eigens dafür Urlaub nehmen müssen, und zweitens wollte er sich nicht übermäßig mit Psychologie oder gar Psychoanalyse beschäftigen. Es reiche, wenn seine Frau das tat. Wobei sie schon seit einiger Zeit mit dieser Bindungstheorie beschäftigt war. Früher einmal war sie eine überzeugte Freudianerin gewesen. Seit einigen Jahren bröckelte ihre Überzeugung, was wohl mit ihren Erfahrungen in der Praxis zu tun hatte. Sie hatte sich aber nicht etwa, wie das bei einzelnen ihrer Verbandskollegen vorgekommen war, dem Jungianismus, der körperorientierten Psychotherapie oder sonst irgendeiner anderen Schule zugewandt, sondern der Bindungstheorie, von der Stephan nur so viel wußte, daß sie die Menschen in sicher gebundene, unsicher gebundene und nicht gebundene unterteilte. Und sie hatte damit begonnen, Bücher über Tiere zu lesen. Sie waren zwar beide tierlieb, hingen an ihrer Katze, auch wenn er lieber einen Hund gehabt hätte, aber Bücher über Tiere gab es bei ihnen bisher nicht. Wobei es sich bei den Büchern, die seine Frau neuerdings las, natürlich nicht um Tierbücher in der Art der Pferdebücher handelte, wie sie Julia und Ruth als junge Mädchen gelesen hatten, sondern um wissenschaftliche Bücher.

»Putziger Titel«, hatte er irgendwann bemerkt, als auf Helens Schreibtisch das Bibliotheksexemplar eines Buches von Konrad Lorenz mit dem Titel *Der Kumpan in der Umwelt des Vogels* lag, worauf Helen ihn gefragt hatte, ob er eigentlich wisse, warum er so wenig Kumpels habe, von Freunden gar nicht zu reden. Manchmal durfte man ihr eben nicht ironisch kommen, dann wandte sie die sogenannte konfrontative

Methode an, die sie genauso gut wie die einfühlende Methode beherrschte. Und was die Kumpels anging, hatte sie recht. Er wußte nicht, warum er so wenige Kumpels und Freunde hatte. Dabei glaubte er sich zu erinnern, früher einmal viele Freunde gehabt zu haben. Kindergartenfreunde. Schulfreunde. Studienfreunde. Aber mit der Zeit waren aus den vielen Freunden wenige geworden und aus den wenigen Freunden mehr oder weniger gute Bekannte.

Wenn er es recht bedachte, stand er in der Mitte seines Lebens ohne Freunde da. Dabei war gar nichts vorgefallen. Es hatte mit diesem und jenem nur nicht mehr so recht gepaßt. Terminprobleme. Abstimmungsschwierigkeiten. Differenzen in Lebensstilfragen. Früher hatte es aber auch nicht gepaßt. Unter seinen Kindheits- und Jugendfreunden waren die merkwürdigsten Gestalten gewesen. Sehr dicke beispielsweise und auch sehr dünne, Stotterer und Kleptomanen, Vertriebenenkinder, die in einer Siedlung namens Klein-Moskau wohnten, solche mit süddeutschem Dialekt, die nicht in Klein-Moskau, sondern am Stadtpark wohnten, und sogar ein Professorensohn. Da hatten gigantische Unterschiede in Lebensstilfragen geherrscht, doch sie waren dennoch Freunde gewesen. Jetzt beziehungsweise in den letzten zehn, zwanzig Jahren, da sie nun alle Studienräte, Akademische Räte, Ärzte oder Ingenieure waren, die gleiche Kleidung trugen, die gleichen Möbel kauften, das gleiche Durchschnittsgewicht zu halten versuchten und sich den gleichen Brunello di

Montalcino vom gleichen Direkterzeuger per Luft-
fracht ins Haus schicken ließen, kam es aufgrund
kleinster Differenzen zu tiefen Brüchen in den Freund-
schaften und Bekanntschaften.

Warum das so war, wußte er nicht. Und was Konrad
Lorenz damit zu tun hatte, ebensowenig. Vielleicht
sollte er das Buch auch lesen. Schließlich mochte er
Vögel. Je älter er wurde, um so mehr fiel ihm auf, wie
klein und zart Vögel sein konnten. Seit er fünfzig war,
rührten ihn sogar die Spatzen. Von Nachtigallen und
Grasmücken nicht zu reden. Er konnte sich durchaus
selbst als Kumpan in der Umwelt des Vogels betrachten. Aber auf ornithologische Literatur hatte er trotzdem keine Lust. Er hatte sich bisher nur zwei Bücher
über Vögel gekauft. Das erste war *Das Reader's Digest Buch der Vogelwelt Mitteleuropas*. Er hatte es für
wenig Geld im modernen Antiquariat erstanden, weil
er wissen wollte, wie alt Vögel eigentlich würden. Von
einem Vogelkenner hatte er sich einmal sagen lassen,
daß Krähen bis zu achtzig Jahre alt werden würden,
was ihn enorm beeindruckt hatte. Wenn er danach
eine Krähe sah, dachte er immer: Die hat noch die
Weimarer Republik erlebt. Im *Reader's Digest Buch
der Vogelwelt* konnte er schließlich nachlesen, daß
Krähen allenfalls fünfzehn Jahre alt würden, was weniger beeindruckend, aber auch weniger unheimlich
war.

Das zweite Buch hieß *Vogelzug*, und er hatte es vor allem gekauft, um endlich zu erfahren, wo die Zugvögel

eigentlich zu Hause waren. Flog der Star, wenn er sich im Herbst von der Dachrinne erhob, wehmütig in die Fremde, oder machte er sich vielmehr erleichtert auf den Nachhauseweg? Allerdings handelte es sich bei *Vogelzug* um ein streng wissenschaftliches Werk, in dem beispielsweise ein eigenes Kapitel dem Zugaktivitätsmuster sogenannter süddeutscher Sumpfrohrsänger unter Zuhilfenahme von Tabellen und Grafiken gewidmet war, eine schlichte Frage wie die nach der Heimat der Vögel aber unbeantwortet blieb. So daß Stephan sich, wenn er morgens am Ufer des Teltowkanals entlangtrabte, auch nach der Lektüre weiterhin fragte, ob es sich bei den Vögeln, die er dort sah, um Vögel handelte, die zu Hause waren, oder um solche, die nach Hause wollten.

Die Frage, wie alt Akademische Räte mit einer Herzschwäche und erblicher Vorbelastung würden, konnte er allerdings in keinem Tierbuch nachlesen. Und in einem Menschenbuch auch nicht. Er selbst hätte sie uneindeutig beantwortet. Mal fühlte er sich besser und vergaß, daß überhaupt ein Herz in ihm schlug. Mal ging es ihm schlechter, und der Gedanke an seinen Vater verfolgte ihn wieder. Schlecht war es ihm in der Pyramide und gut auf der Nilinsel gegangen. Und schlechter ging es ihm nun auch wieder in Berlin, obwohl ihn außer der Sache mit Sebastian und dem Fortbildungsseminar nichts sonderlich belastete. Und nur ein reflexhaft psychoanalytisch denkender Mensch hätte seine Eifersucht auf Sebastian als ausreichenden

Anlaß dafür betrachtet, daß ihm ausgerechnet an dem Tag, bevor Helen nach Schwangau fahren wollte, während seines morgendlichen Trainings am Kanal schwarz vor den Augen geworden war und er einen heftigen Schmerz verspürt hatte, der vom Brustraum ausging und auf beinahe den ganzen Oberkörper einschließlich Schultern, Rücken und Hüfte ausstrahlte. Er war, nachdem er sich eine Zeitlang aufs Gras gesetzt und abgewartet hatte, gar nicht erst nach Hause gegangen, sondern direkt in ein Taxi gestiegen und zu seinem Friedenauer Internisten gefahren. Der hatte sofort ein EKG veranlaßt. Doch als ihm, noch während er an das Gerät angeschlossen war, ein weiteres Mal übel und schwarz vor den Augen geworden war, hatte der Internist die Untersuchung abgebrochen und Stephan in die Kardiologie des Klinikums Steglitz zur sofortigen stationären Behandlung einschließlich einer Katheteruntersuchung eingewiesen.

Der Internist hatte ihn per Telefon in der Klinik angekündigt, und nur weil Stephan widersprochen hatte, brachte ihn nicht ein Krankenwagen, sondern ein Taxi dorthin. Helen war inzwischen unterrichtet worden und nur wenig später als er selbst im Klinikum eingetroffen. Sie hatte einen Pyjama, einen Bademantel, Wäsche, Waschzeug und Lektüre für ihn dabei und ihm gleich gesagt, daß sie unter diesen Umständen nicht nach Schwangau reisen und Sebastian gleich anrufen würde, um die Fortbildung abzusagen. Er versuchte sie umzustimmen, schließlich hatte sie wegen Ruth bereits Ägypten abgesagt, und nun wollte sie seinetwegen Bayern absagen, aber sie ließ sich nicht umstimmen und sagte nur, daß man nicht den kranken Mann im Stich lassen könne, um zu einem Seminar über Bindungstheorie zu fahren. »Ich bin ja gar nicht krank, nur untersuchungsbedürftig«, bemerkte Stephan, worauf sie erwiderte: »Hoffentlich hast du recht.« Dann verabschiedete sich Helen, weil sie Julia versprochen hatte, sie zu Einkäufen in die Stadt zu begleiten.

Der Klinikaufenthalt sollte nur vier oder fünf Tage dauern, die Stephan als Privatpatient in einem Einbettzimmer im obersten Stockwerk des Gebäudes zubringen durfte. Von hier aus hatte er einen Blick über den Teltowkanal und die Sportplätze bis zum Lilienthalpark. Er konnte, wenn er ans Fenster trat, die Läufer und Spaziergänger auf dem Uferweg beobachten. Er hätte sich gewissermaßen selbst beobachten können. Der einzige Störfaktor war der Rettungshubschrauber, der seinen Landeplatz ebenfalls auf dieser Klinikseite hatte und pro Tag zahlreiche Flüge absolvierte. Wobei neben dem Motorenlärm des Hubschraubers, der unmittelbar vor Stephans Fenster aufstieg, bevor er Richtung Stadt abdrehte, besonders der Kerosingeruch störte, der sogar noch bei geschlossenem Fenster ins Zimmer drang.

Eine Belastung stellte natürlich auch das Warten auf die Katheteruntersuchung dar, für die verschiedene

Voruntersuchungen wie Blutbild, EKG und ein sogenanntes Szintigramm notwendig wurden. Die Wartezeit wurde ihm allerdings sowohl durch die Voruntersuchungen als auch dadurch verkürzt, daß ihm Helen am dritten Tag des Aufenthaltes per Telefon mitteilte, daß sie nicht wie geplant am Nachmittag vorbeikommen könne, daß ihn aber jemand anderer besuchen werde: »Eine Überraschung.« Mehr hatte sie nicht gesagt. Und er hatte auch nicht gefragt. Denn er hatte sofort an Mercedes gedacht. Sein Herzschlag hatte sich, noch während seine Frau das Wort »Überraschung« ausgesprochen hatte, beschleunigt, und er konnte förmlich sehen, wie das Herz das Blut durch seine sich augenblicklich verengenden und ohnehin schon fett- und kalkverkrusteten Herzkranzgefäße hindurchzudrücken versuchte. Das wäre ein guter Moment für einen Infarkt gewesen.

Ausgerechnet Mercedes. Hoffentlich hatte sie sich nicht als gute Freundin aus Ägypten bei seiner Frau vorgestellt. Womöglich noch mit einem Augenzwinkern und von Frau zu Frau. Das wäre die Ehekrise gewesen. Vielleicht sogar das Ende. Und er war schuld. Weil er auf eine Sechzigjährige hereingefallen war. Oder auf eine Achtundfünfzigjährige. Auf jeden Fall aber war sie Professorin an der Universität Bonn, und er konnte sie nicht im Pyjama respektive Bademantel empfangen, mit Pantoffeln an den Füßen. Er beschloß also, auf den Mittagsschlaf zu verzichten, und kleidete sich an. Zwei schon ältere Nummern der *Gala*, die ihm eine Krankenschwester überlassen hatte, legte er in den Schrank und drapierte auf dem kleinen Besuchertisch die Lektüre, die ihm seine Frau von zu Hause mitgebracht hatte: die letzte Nummer der Zeitschrift *Orbis Linguarum* sowie Flauberts *November*. Die Zeitschrift räumte er allerdings wieder weg. Es kam ihm doch zu albern vor, Mercedes mit Artikeln über *Die phonetische Analyse der Konsonanten in der deutschen Sprache der Gegend von Oberglogau* beeindrucken zu wollen.

Das Warten auf Mercedes ermüdete ihn und strengte ihn an. Nachdem er einige Minuten verlegen im Zimmer herumgestanden hatte, setzte er sich an den Besuchertisch und starrte auf die Tür, aber auch das war anstrengend. Und der Gedanke daran, daß Mercedes seine Frau kontaktiert hatte, brachte ihn fast um den Verstand. Sein Herz pochte, als würde er gerade einen Sprint am Teltowkanal absolvieren, und zugleich fühlte er sich so schlapp, daß er sich wieder aufs Bett legte. Er konnte auch im Liegen auf Mercedes warten. Vielleicht käme sie sogar in Begleitung seiner Frau, und die hatte schon den Scheidungsanwalt dabei, um die Scheidung gleich hier und am Krankenbett zu vollziehen. Eine Schnellscheidung. Wie in Las Vegas. Wenn er nicht bereits im Krankenhaus gewesen wäre, hätte er sich nun einweisen lassen, so elend fühlte er sich. Herzkrank. Als Ehebrecher ertappt. Vor den Trümmern seines Lebens stehend. Und alles wegen eines platten Reifens und einer pensionsreifen Archäologin.

Mit dem Gedanken an den platten Reifen schlief er ein und erwachte erst wieder durch ein leises, aber inständiges Klopfen an der Zimmertür. Er richtete sich so schnell wie möglich auf, warf einen Blick in den Spiegel, ordnete das Haar und rief »Herein!«. Die Tür öffnete sich, und eine Person trat ein, die er nach ihrer letzten Begegnung vollkommen vergessen hatte: Wilhelm. Der Mann, der ein Verlorener war. Wilhelm das Weichei. Der Münzsammler aus Bremerhaven, den er so schmählich behandelt hatte. Doch so sehr, wie er ihn damals hatte loswerden wollen, so sehr freute er sich nun über Wilhelms Anwesenheit. Er war geradezu glücklich, ihn zu sehen. Wilhelm war sein Retter. Sein Eheretter und vielleicht auch Lebensretter: denn schon in dem Moment, als Wilhelm das Zimmer betreten hatte, spürte Stephan sein Herz nicht mehr. Es pochte nicht. Jedenfalls nicht mehr so, daß es ihm angst machte und ihn nach Luft schnappen ließ.

Auch Wilhelm freute sich. Er strahlte Stephan an und sagte, daß er in Berlin auf Verwandtenbesuch sei, eine Schwester seiner Mutter lebe hier, und daß Stephans Frau ihm am Telefon gesagt habe, er könne ihn ruhig besuchen, ihr Mann würde sich über jeden Besuch freuen. »Und ob ich mich freue«, sagte Stephan und bat Wilhelm, auf dem Besucherstuhl Platz zu nehmen. Er sah, daß der Mann sich verändert hatte. Wilhelm sah besser aus als beim letzten Mal. Kräftiger und männlicher. Er hatte nicht mehr diese halblangen, verschwitzten Busfahrerhaare, sondern einen Bürstenhaarschnitt. Außerdem trug er ein akkurat gebügeltes weißes Hemd mit kurzen Ärmeln und eine College-krawatte sowie eine schwarze Hose mit Bügelfalte und auffallend gut geputzte Schuhe. Wilhelm erinnerte Stephan an Michael Douglas in dem Film *Falling Down*. Einerseits. Andererseits aber auch an diese jungen und korrekt gekleideten Männer mit Namensschildchen auf dem weißen Hemd und Businessrucksack auf dem Rücken, die für die Mormonen unterwegs waren. Stephan wußte nicht, was ihm lieber war: ein ambulanter Seelenfänger oder ein Amokläufer. Im Zweifelsfalle wohl ersterer, allerdings schaute ihn Wilhelm schon wieder mit diesem etwas rührseligen Blick an, als würde er bei Stephans Anblick aufs neue an das ganze Drama seiner Lebensgeschichte erinnert werden.

Wilhelm war also doch noch der alte geblieben, trotz seines veränderten Aussehens. Da Stephan auf keinen Fall die Familiengeschichte ansprechen wollte, weder Wilhelms noch seine eigene, fragte er ihn ohne lange Vorrede: »Was machen die Münzen?« »Verkauft«, sagte Wilhelm darauf. Bis auf einige wenige. Und eine davon habe er mitgebracht, die er ihm schenken wolle. Dann legte er eine dunkle, fast schwarze Münze auf den Tisch, auf der man das Porträt des römischen Kaisers nur erkennen konnte, wenn man sich größte Mühe gab. Stephan wollte die Münze trotzdem ablehnen und sagte, daß sie doch viel zu wertvoll sei, aber Wilhelm insistierte. Es handle sich ja nur um eine sehr schlecht erhaltene Bronzemünze. Er habe mehrere

Dutzend davon gehabt, aber sie seien eben alle sehr schlecht erhalten gewesen. Wären es statt dessen Silberdenare gewesen oder gar Goldmünzen, wäre er jetzt ein wohlhabender Mann.

Stephan dankte und bedauerte. Er hätte Wilhelm jetzt gern ein Gegengeschenk gemacht. Aber er konnte ihm schlecht ein Exemplar der *Orbis Linguarum* schenken. Zumal Wilhelm ihm noch ein zweites Geschenk machte. Eine Informationsbroschüre über den Suchdienst des Roten Kreuzes. Es sei dies aber kein echtes Geschenk, sagte Wilhelm, er habe die Broschüre im Zug gelesen und lasse sie ihm gern da. Wilhelm legte das Heft auf den Tisch, und Stephan bedankte sich ein weiteres Mal. Nun waren sie also doch wieder bei der Familiengeschichte gelandet. Und ehe Stephan das Thema auf irgend etwas anderes lenken konnte, erzählte Wilhelm, daß er sich in letzter Zeit ausführlicher mit Stammbaumforschung beschäftigt habe.

Auf Stephans Einwand, daß Stammbaumforschung schwierig sein dürfte für ein Findelkind, das nicht mal seinen eigenen Namen kenne, sagte Wilhelm ohne jede Irritation, er habe auch nicht seine eigene Familiengeschichte erforscht, sondern die seiner Adoptiveltern, und hierbei sei er unter anderem auf die Archive der Mormonen in Salt Lake City gestoßen, die alle möglichen Kirchenbücher ausgewertet hätten und wo sich auch eine Liste mit den Vorfahren seiner Adoptiveltern befände. Außerdem habe er Kontakt zum Verband der niedersächsischen Sippenforscher beziehungsweise Familienkundler aufgenommen und inzwischen so viel Material über seine Familie zusammengetragen, daß er sich mehrere Aktenordner kaufen und ein eigenes Archiv habe anlegen müssen.

Seine Adoptiveltern hießen Krebs, wie das Tier. Oder die Krankheit, je nachdem. Vom Verband der Familienkundler sei er auch zu einem Heraldikerverein vermittelt worden und habe schon mehrere Anfragen erhalten, ob er sich nicht ein Familienwappen anschaffen wolle. Aber dies seien betrügerische Anfragen gewesen. Tausende von Euro habe man für so ein Familienwappen verlangt, und einer dieser Anbieter habe ihm sogar einen Entwurf geschickt mit einem knopfäugigen und die Zangen spreizenden Krebs darauf, was ganz fürchterlich ausgesehen habe.

»Immer noch besser als die Krankheit«, hatte Stephan daraufhin gesagt, um die Stimmung etwas aufzuhellen, die sich, seit das Wort Krebs gefallen war, irgendwie verdüstert hatte. Aber Wilhelm amüsierte sich nicht, sondern sagte nur und mit vollem Ernst: »Auf jeden Fall.« Nun sei er dabei, sagte Wilhelm, selbst eine Broschüre zusammenzustellen, um die Ergebnisse seiner Recherchen wenigstens den Verwandten seiner Adoptiveltern zugänglich zu machen. Das heißt, im Grunde habe er die Broschüre schon zusammengestellt, er müsse sie nur noch vervielfältigen und binden lassen, und ob Stephan einmal hineinschauen wolle, worauf Wilhelm, ohne eine Antwort abzuwarten, einen mit einem Gummiband zusammengehaltenen

Stapel von betippten Blättern auf den Besuchertisch legte.

Das Werk hieß *Geschlechterfolgen Krebs* und war mit einer Einleitung über die *Entstehung, Bedeutung und Verbreitung des Namens Krebs* versehen. Stephan blätterte in den Seiten herum und las, daß der Name Krebs vom mittelhochdeutschen chrebez komme, nach der wohl rötlichen Haut oder Haarfarbe des ersten Namensträgers, und daß die Krankheit mit dem Tier insofern verwandt sei, als sie um sich fresse wie der Krebs – »der krebs ist ein schaden, der dem pferd die haut und fleisch weit hinweg friszt«, konnte Stephan lesen, und die Quellenangabe zeigte, daß sich Wilhelm ganz wie ein echter Philologe des Grimmschen Wörterbuches bedient hatte. Darüber hinaus hatte er für die Regionen Tirol, Pommern, Preußen, Polen und Bessarabien Abstammungslisten zusammengestellt, die zumeist im 17. Jahrhundert begannen und logischerweise Generation für Generation immer umfangreicher wurden. Das Buch endete mit einem kurzen Schlußabschnitt, der die Überschrift *Krebsvorkommen zwischen Bremen, Bremerhaven, Stade und Hamburg* trug, und hier waren die Adoptiveltern Wilhelms und als einer der letzten Einträge auch er selbst aufgeführt. Wilhelm hatte sich selbst in einem Archiv wiedergefunden. Nicht im Archiv der Mormonen in Salt Lake City allerdings, auch nicht in einem Kirchenbuch, sondern in der Datei des Einwohnermeldeamtes Bremerhaven, was freilich nicht weiter verwunderlich war. Und natürlich nicht als der, der er eigentlich war, sondern als der Adoptivsohn seiner Adoptiveltern.

Schon die kurze Durchsicht des Manuskripts hatte Stephan so erschöpft, daß er sich einen Moment auf das Bett legen mußte. Erst jetzt erkundigte sich Wilhelm danach, warum Stephan überhaupt im Krankenhaus sei, worauf er nur erwiderte: »Eine Routineuntersuchung.« Damit war Wilhelm zufrieden und kam wieder auf das Manuskript zu sprechen, das er sorgfältig ordnete, aber nicht in seine Tasche packte, sondern Stephan überreichte. Er könne es gern behalten und in aller Ruhe lesen, sagte Wilhelm, es sei ohnehin nur eine Kopie. Und wenn Stephan den einen oder anderen Fehler oder irgendeine sprachliche Ungereimtheit entdecken würde, wäre er für einen Hinweis dankbar.

Stephan wollte das Manuskript aber nicht behalten. Und korrekturlesen wollte er es schon gar nicht. Er richtete sich also wieder auf und legte den Papierstapel auf den Besuchertisch, wobei ihm beim Aufrichten so schwindlig wurde, daß er auf dem Bett sitzen blieb. »Schöne Aussicht«, sagte Wilhelm, der unterdessen ans Fenster getreten war und auf den Teltowkanal, die Sportplätze und die sich daran anschließenden Grünanlagen blickte. Dann sagte er, daß Stephan sich ruhig Zeit lassen könne mit der Lektüre, er könne sich bis in den Herbst hinein Zeit lassen, er wolle die Arbeit erst im Dezember kopieren und binden lassen, um sie zu Weihnachten zu verschenken.

Stephan war es schwergefallen, einfach nein zu sagen. Es fiel ihm überhaupt schwer, nein zu sagen. Die Schwierigkeit, nein zu sagen, mußte mit seinen Schuldgefühlen zusammenhängen. Wer nein sagte, hatte schuld. Aber warum eigentlich? Darüber sollte er einmal mit seiner Frau sprechen. Das einzige, was er darüber wußte, hatte er einer Broschüre entnommen, die Helen gehörte und noch aus ihren Studienzeiten stammte. Es war ein auf graugelbem Papier hektographierter Raubdruck von René Spitz mit dem Titel *Nein und Ja* und handelte von der Entstehung des Kopfnickens und Kopfschüttelns beim Säugen des Säuglings an der Mutterbrust. Das Schütteln entstand demzufolge bei der Suchbewegung zwischen linker und rechter Brustwarze und das Nicken bei der Annäherung an die mütterliche Brust beziehungsweise beim Saugen selbst. Vielleicht hatte ihm seine Mutter ja eine ihrer Brüste vorenthalten. Oder er war ein Flaschenkind gewesen und hatte darum immer nur genickt und nie den Kopf geschüttelt.

Doch diesmal wollte er nicht nicken. Wilhelm begann ihm schon wieder auf die Nerven zu gehen. Und diese ganze Stammbaumforschung war sowieso unnütz. Vorfahren zu haben war schließlich kein Verdienst. Jeder Idiot hatte Vorfahren. Andererseits hatte Wilhelm ihm eine Caligula-Münze geschenkt. Und ihn besucht. Außer Helen hatte ihn bisher niemand besucht. Nicht einmal seine Töchter. Er hatte ihnen eigens ausrichten lassen, daß ein Besuch nicht nötig sei. Es war ja nur

eine Routineuntersuchung, und sein Aufenthalt sollte
höchstens eine Woche dauern. Doch schon am zweiten Tag war er enttäuscht gewesen, daß sie nicht gekommen waren. Er hätte sie gern mit einer Flasche
Eckes Traubensaft und einer Tüte Obst an seinem
Krankenbett gesehen. Außer Helen war nur Wilhelm
gekommen. Doch genau in dem Moment, als er kapi-
tulieren und sagen wollte: »In Ordnung, lassen Sie das
Manuskript da«, startete der Hubschrauber.
Der Motorenlärm war so laut, daß Stephan sofort
wieder verstummte. Auch Wilhelm beachtete ihn nicht
mehr, sondern ging ans Fenster und verfolgte den Start
des Hubschraubers, der auch diesmal bis zum Fenster
aufstieg und dann in Schräglage abdrehte. Stephan bat
Wilhelm, das Fenster zu schließen, das nur angelehnt
war, denn gleich würde die Kerosinwolke hereinwe-
hen. Dann sagte er, einer plötzlichen Eingebung fol-
gend und vom Hubschrauberlärm ermutigt: »Ich
werde das Manuskript nicht lesen.« Wilhelm hob den
Kopf witternd in Richtung Fenster und schien das
Kerosin zu riechen, das das Zimmer bereits erreicht
hatte. Doch statt das Fenster zu schließen, machte er
eine seitliche und zugleich nach unten führende Dreh-
bewegung des Kopfes, die Stephan bekannt vorkam,
er wußte nur nicht, woher. Möglicherweise aus dem
Tierreich.
Stephan sagte: »Ich bedaure. Ich bin einfach zu müde«,
worauf Wilhelm das Manuskript wieder einpackte,
»Schon gut« sagte und Stephan mit dem Blick eines

Säuglings ansah, der soeben durch die Babyklappe ge-
rutscht war. Stephan konnte dem Mann nicht helfen,
obwohl er ihm leid tat, und er hielt ihn auch nicht auf,
als Wilhelm, ohne ihm die Hand zu geben, mit einem
fast unhörbaren »Gute Besserung« das Zimmer verließ.

Die Katheteruntersuchung am nächsten Tag über-
stand Stephan halbwegs angstfrei, und die Diagnose
war beunruhigend, ohne aber dramatisch zu sein: arteriosklerotische Veränderungen der Herzkranzgefäße.
Er sollte Diät halten, für körperliche Bewegung sorgen
und eine Zeitlang ein blutverdünnendes Mittel einnehmen. Bewegung hatte er bereits. Er konnte schließlich nicht den ganzen Tag am Teltowkanal hin- und
herlaufen. Essen tat er wie die meisten intelligenten
Menschen. Viel Gemüse, fettarme Milch, cholesterin-
senkende Margarine statt Butter, Olivenöl, Fisch ohne
Ende, Vollkornbrot, wenig Fleisch, nur gelegentlich
Lamm oder Geflügel aus der Dahlemer Ökofleischerei
und jeden zweiten Morgen Brei aus selbstgeschrote-
tem Getreide. Zigaretten hatte er schon seit Jahrzehnten keine mehr angefaßt. Das Rauchen hatte er
sich gewissermaßen als Kind schon wieder abge-
wöhnt.

Als er den Arzt über diese geradezu vorbildliche Lebensführung informierte, meinte der nur, daß die Be-
funde nicht nach Dahlemer Ökoladen, sondern nach
Paprikaschnitzel mit Bratkartoffeln aussähen. Und
dies dreimal die Woche. Wenn es jedoch stimme, was

Stephan über seine Lebensführung sage, dann habe er vielleicht eine erbliche Disposition zur Arteriosklerose.

Wie denn der Gesundheitszustand seines Vaters und seines Großvaters gewesen sei? Einen Großvater habe er gar nicht gehabt, sagte Stephan, weder mütterlicherseits noch väterlicherseits. Und der Gesundheitszustand seines Vaters sei schlecht gewesen, sehr schlecht sogar, zumal er wegen einer Kriegsverletzung nur einen Arm gehabt habe. Großeltern habe jeder, und eine von russischen Granaten herbeigeführte Einarmigkeit sei nicht erblich, meinte daraufhin der Arzt milde lächelnd und wollte wissen, worunter sein Vater denn sonst noch gelitten habe. »Diabetes«, antwortete Stephan, »Bluthochdruck, Übergewicht und Hüftgelenksprobleme.« Und wann und woran er gestorben sei? »Mit vierundfünfzig am Herzinfarkt«, antwortete er, so daß der Arzt ihm riet, sich spätestens in einem halben Jahr noch einmal untersuchen zu lassen. Außerdem, so der Arzt, gebe er Stephan wie vielen anderen seiner Patienten vor allem einen Ratschlag mit auf den Weg: »Du mußt dein Leben ändern!« Mit diesem wohl eigens den Privatpatienten zugedachten Rilkezitat, das Stephan natürlich gleich erkannt hatte, entließ ihn der Kardiologe, ohne daß Stephan wußte, wie krank er nun wirklich war.

Nach der Entlassung aus dem Krankenhaus fühlte er sich jedenfalls recht gesund. Helen erzählte er nur, daß er eine arteriosklerotische Disposition habe, fettes Essen und Streß vermeiden und auf mehr Bewegung achten müsse. Er wollte sie nicht beunruhigen. Und sich selbst wollte er auch nicht beunruhigen. Außerdem mußte sich seine Frau weiterhin um Ruth kümmern, der es wieder schlechter ging und die trotz der Verschlechterung nicht mehr in der Klinik bleiben und nach Hause kommen wollte. »Kein Problem«, sagte Stephan darauf, »ich bleibe in der Dachwohnung, und ihr habt eure Ruhe.« Helen war einverstanden, und Ruth würde gewiß auch einverstanden sein und sich in Berlin ambulant behandeln lassen. Ihm tat es allerdings leid, wieder in die Dachwohnung zurückzugehen. Er hatte keine Lust mehr aufs Alleinsein. Aber unter den Umständen war es besser, wenn er durchhielt.

Er nahm seinen gewohnten Alltag wieder auf, ging ins Büro, fuhr nach Feierabend mit dem Rad herum, trabte auch wieder am Kanal entlang und blickte dabei zu dem Klinikfenster hinauf, hinter dem er bis vor kurzem noch gelegen und gewissermaßen auf sich selbst geschaut hatte. Die Wochenenden verbrachte er mit seiner Familie, Ruth hatte eine Therapeutin gefunden, die ihr hoffentlich helfen konnte, allerdings ließ sich Julia nur noch selten blicken. Und schon gar nicht am Wochenende. Helen meinte, daß Julia ein wenig distanziert sei, weil sie seit einiger Zeit eine Freundin hatte. »Eine Freundin?« fragte er zurück. »Jawohl«, sagte sie, »aber laß dir nichts anmerken.«

»Was soll ich mir denn anmerken lassen?« antwortete er. »Du weißt schon«, sagte Helen nur. Und dann sagte sie noch: »Wir lassen das Thema am besten ruhen.«

Nun gut, dachte er, sie war die Psychoanalytikerin. Und er war fast wieder froh, seine Dachwohnung zu haben. Die Angelegenheiten der Frauen überforderten ihn gelegentlich. Seine eigenen allerdings auch. Er begann wieder schlecht zu träumen. Wilhelm verfolgte ihn. Stephan hatte Schuldgefühle, weil er Wilhelms Familienchronik nicht hatte lesen wollen. Dabei hatte er doch genug Sorgen. Es war geradezu lächerlich, aber die Schuldgefühle hatte er trotzdem. Er hatte sogar schon einmal wegen einer Fliege, die er totgeschlagen hatte, ein Schuldgefühl gehabt. Jetzt hatte er Schuldgefühle wegen Wilhelm, die er dadurch zu lindern hoffte, daß er wenigstens die Suchdienstbroschüre las, die Wilhelm ihm geschenkt hatte.

Wobei er sich der Broschüre zweimal zuwenden mußte. Beim ersten Mal war er nach kurzer Zeit eingeschlafen. Die Schwarzweißfotos von Menschen auf der Flucht, beim Forträumen von Trümmern oder mit gescheiteltem Haar in deutschen Wohnküchen vor einem Radio sitzend und den Suchmeldungen lauschend hatten ihn in einen Nachmittagsschlaf sinken lassen, der wohl tief, aber nicht traumlos war. Er träumte, daß er barfuß und in kurzen Hosen seinem Vater in einer menschenleeren ukrainischen Schneelandschaft begegnete. Wobei der Vater ebenfalls barfuß war, aber einen Anzug trug. Das war der ganze Traum gewesen, eine Sekundensequenz nur, ein Traumsplitter, aus dem er gleichwohl mit klopfendem Herzen und schweiß-naß aufgewacht war, so daß er erst einmal hatte du-schen müssen.

Nach der Dusche und nachdem er sich ein Glas Rot-wein eingeschenkt hatte, was in der letzten Zeit nur noch selten passiert war, hatte er sich die Broschüre ein zweites Mal vorgenommen und dabei vor allem erfah-ren, daß es den Suchdienst noch immer gab, daß noch immer Suchanträge gestellt wurden und daß der Such-dienst noch immer suchte. Und nicht nur das. Der Suchdienst suchte nicht nur, sondern fand auch. Noch immer kam es nach Auskunft der Broschüre Jahr für Jahr zu Familienzusammenführungen.

Nun kam Stephan in den Sinn, was ihm und auch sei-nen Schwestern die ganzen Jahre über nicht in den Sinn gekommen war: Er konnte einen Suchantrag stel-len. Er hatte zwar die Idee gehabt, ein Buch über sei-nen verlorenen Bruder zu schreiben. Aber nie war ihm eingefallen, seinen Bruder erneut suchen zu lassen. Nicht einmal im Traum hatte er daran gedacht. Jetzt würde er es tun. Es war sogar seine Pflicht, es zu tun. Er war der Maler, der ins Bild ging, aber nicht einfach darin verschwinden, sondern seinen Bruder daraus hervorholen würde. Er beschloß, noch ein zweites und vielleicht auch ein drittes Glas Wein zu trinken und am nächsten Tag einen schriftlichen Suchantrag zu stellen.

Stephan war am nächsten Morgen verkatert aufgewacht, denn er hatte nicht nur ein zweites und drittes Glas, sondern die ganze Flasche getrunken. So gut es ging, ignorierte er seinen Zustand und setzte sich nach dem Frühstück gleich hin, um den Brief an den Suchdienst zu schreiben. Er schilderte kurz den Fall und fragte nach, ob es möglich sei, erneut einen Suchantrag zu stellen. Es dauerte nur ein paar Tage, bis er die Antwort in Händen hielt: Es sei gar nicht nötig, einen erneuten Suchantrag zu stellen, der von seinen Eltern gestellte Suchantrag laufe noch, allerdings lägen keine neuen Erkenntnisse vor. Man biete aber an, ihm eine Kopie der gesamten Akte zukommen zu lassen, falls er daran Interesse habe. Natürlich hatte Stephan Interesse, was er den Suchdienst umgehend wissen ließ. Diesmal dauerte es ein wenig länger, bis die Akte eintraf. Sie wurde ihm in einem braunen Umschlag zugestellt, der den mit dem Zusatz Gebührenfrei versehenen Aufdruck *Kriegsgefangenenpost* trug. Es gab also auch sechs Jahrzehnte nach Kriegsende noch immer Kriegsgefangenenpost, und irgendwer, die Post oder der Staat, zahlte noch immer die Gebühren dafür.

Der Aufdruck hatte in Stephan einen leichten Zeitrutsch verursacht. Er war auf dem Wort *Kriegsgefangenenpost* ausgerutscht in Richtung Vergangenheit, wobei die Rutschbewegung noch beschleunigt wurde durch die Akten, die er in dem Umschlag fand. Nach der ersten flüchtigen Durchsicht konnte er gleich feststellen, daß sie nicht identisch waren mit den Akten, die er im Nachlaß seiner Mutter gefunden hatte und in denen unter anderem die Ergebnisse der verschiedenen erbbiologischen und anthropologischen Gutachten dokumentiert worden waren.

Er erinnerte sich daran, wie schockiert er war, als er das alles zum erstenmal zur Kenntnis genommen hatte: die erbbiologischen und anthropologischen Daten einschließlich der Schädel- und Bauchfettmessungen der Eltern. Und auch die Tatsache, daß der Bruder womöglich noch lebte und gar nicht auf der Flucht verhungert war, hatte ihn anfangs mehr schockiert als gefreut. Ebenso wie der Sachverhalt, daß die Eltern den Akten nach erst im Jahr 1959 die Suche nach seinem Bruder aufgenommen hatten. Warum ließen Eltern ihr so schmerzlich vermißtes Kind erst vierzehn Jahre nach Kriegsende suchen?

Dieses Datum konnte er jetzt korrigieren: Die ihm zugesandten Unterlagen waren chronologisch geordnet, umfaßten den gesamten Antragszeitraum und wurden vom Suchdienst seit 1953 geführt. Das erste Dokument war eine Kopie der ersten Karteikarte und stammte vom 3. Dezember 1953, das letzte aus dem Jahr 1977. Stephans Eltern hatten sich also nicht 1959, sondern 1953 erstmals an den Kindersuchdienst gewandt. Das milderte den Sachverhalt ein wenig, doch auch acht Jahre waren eine lange Zeit. Warum acht Jahre mit der Suche warten? Stephan wußte es nicht. Die neuen Akten gaben keine Auskunft darüber. Sie dokumentierten nur einmal mehr den von aufkeimender Hoffnung und neuerlicher Enttäuschung gekennzeichneten Verlauf der elterlichen Suche nach ihrem Kind.

Neu waren für Stephan auch einige andere Details. Zum Beispiel der in einem sogenannten Ermittlungsbogen vom 21. November 1956 handschriftlich von seiner Mutter eingetragene Hinweis: »Unser Sohn konnte Mama, Papa und den Namen unseres Hundes Nelli, welchen er Nenni nannte, sprechen.« Der Eintrag rührte Stephan. Nicht nur weil es der erste Eintrag in der Handschrift seiner Mutter war, die er sofort erkannte. In dieser Handschrift hatte sie mit mütterlicher Nachsicht die Entschuldigungen für die Schule ausgestellt, wenn er unpäßlich oder auch nur lustlos gewesen war. An die Handschrift seines Vaters konnte er sich nicht erinnern. Und dies wohl vor allem, weil sein Vater als Rechtshänder und wegen der rechtsseitigen Amputation nur sehr selten mit links geschrieben hatte. Doch auch mit rechts hätte sein Vater niemals Entschuldigungen für Stephan geschrieben, wenn er nicht ernsthaft erkrankt, sondern nur unpäßlich oder lustlos gewesen wäre. Statt Entschuldigungen zu schreiben, hätte der Vater den unpäßlichen Stephan vielmehr zur Schule geprügelt.

Der Eintrag in dem Ermittlungsbogen rührte Stephan außerdem wegen des Hundes Nelli. Denn Nelli hieß die Hündin, mit der Stephan aufgewachsen war. Der Hund war für einige Jahre das ihm nächste Lebewesen gewesen, noch vor seinen Eltern und seinen Schwestern. Offenbar hatte es vorher auch schon eine Nelli gegeben. Oder war es die gleiche? Hatten die Eltern einen Langhaardackel auf der Flucht dabeigehabt? Den Hund gerettet und den Sohn verloren? Das war ziemlich unwahrscheinlich. Wahrscheinlicher war, daß sie sich nach dem Krieg einen neuen Dackel angeschafft und ihn wieder Nelli genannt hatten.

Stephan war nicht nur gerührt, sondern auch enttäuscht. Nelli war für die Eltern offenbar nur die Erinnerung an eine andere Nelli gewesen. So wie er selbst ja für seine Eltern auch nur eine Erinnerung an ihren verlorenen Sohn gewesen war. Zumindest manchmal. Und nicht immer eine gute. Er hatte sie an das erinnert, was ihnen fehlte. Für Stephan aber war Nelli während der ersten Jahre seiner Kindheit das einzige Lebewesen gewesen, dem er sich rückhaltlos hatte anvertrauen können und das immer Zeit für ihn gehabt hatte. Im Unterschied zu seinen Eltern, die nie Zeit für ihn gehabt hatten, und wenn doch, dann waren sie mit ihren Gedanken bei seinem verlorenen Bruder gewesen.

Darüber hinaus erfuhr er aus den Akten, daß es insgesamt vier Rundfunkdurchsagen gegeben hatte, in denen nach seinem Bruder gesucht wurde: Die erste am 27. April 1957 in einer Sendung namens *Weg und Ziel*, gesprochen von einem Pfarrer Richter, die zweite und dritte im Januar und Juni 1959 und die vierte auf UKW-Nord am 27. August 1960. Die erste Sendung begann mit den Worten »Gesucht wird aus Remki,

Kreis Gostynin ...« Offenbar stammte sein Bruder aus einem Ort namens Remki im Kreis Gostynin. Stephan wußte, daß seine Mutter aus einem Ort namens Anatolien im Kreis Gostynin stammte. War sie nach Remki umgezogen und hatte dort ihr Kind geboren?

Wie auch immer. Stephan nahm sich vor, nochmals den Atlas aufzuschlagen, um sich die Ortsverhältnisse klarzumachen. Er hatte noch immer Schwierigkeiten, sich den sogenannten Osten einschließlich der Herkunftsorte seiner Eltern geographisch zu vergegenwärtigen. Er hatte auch Schwierigkeiten damit, einen Atlas aufzuschlagen. Für ihn war alles Ostpreußen. Oder Pommern. Oder sonstwas. Aus den Gesprächen, die seine Eltern untereinander oder mit Bekannten aus dem Osten geführt hatten, war er jedenfalls nie schlau geworden. Er hatte bisher auch nicht gewußt, wo eigentlich der Treck von den Russen überholt worden war und wo genau die Eltern ihr Kind verloren hatten. Für sein Buch hatte er sich irgendeine Ortsangabe in Ostpreußen ausgedacht, die aber falsch war und ihm prompt von einem Leser per Leserbrief vorgehalten wurde. Zum Glück aber nur von einem einzigen. Ihm war es damals vollkommen egal gewesen, ob die Eltern seinen Bruder nun in Ostpreußen, Pommern oder wer weiß wo verloren hatten. Und wenn es ihm nicht egal gewesen wäre, hätte er trotzdem keinen Hinweis auf den Verlustort gehabt. Den fand er jetzt in den neuen Akten, wo es auf einem Blatt mit dem Aktenzeichen AI/K-9961/UL/O hieß: »Die Eltern des gesuchten Kindes befanden sich im Januar 1945 in einem Treck, der anscheinend in Rakowiec, Krs. Gostynin, zusammengestellt worden war. Dieser Treck wurde im Krs. Konin von feindlichen Truppen überholt. Das Kind blieb in eine Wolldecke gehüllt auf einem Wagen des Trecks, als die Eltern des Kindes in den Wald flüchteten.«

Konin hieß also der Ort, wo sein Bruder verlorengegangen war. Auch das würde er auf der Landkarte nachschauen, falls man den Ort auf einer Landkarte überhaupt finden könnte. Aber mehr noch als die Frage, wo Konin lag, beschäftigte Stephan die Tatsache, daß seine Eltern in den Wald geflüchtet waren. Im Januar 1945 in Polen in den Wald? Auf einem weiteren Blatt bestätigte sich dies aus erster Hand. Es war ein ausführliches handschriftliches Schreiben seiner Mutter an den Suchdienst Hamburg, in dem sie darlegte, wie sie vor den Russen, die mehrmals ihre Erschießung angedroht hatten, vom Wagen und in den Wald geflüchtet waren. Wobei der Vater nach schriftlicher Auskunft der Mutter den Russen vor allem wegen seiner Amputation verhaßt war. Nachdem die Eltern von dem Wagen gesprungen und in den Wald geflüchtet waren, blieb, so die Mutter, »unser Kind in eine Wolldecke gehüllt auf dem Wagen zurück. Wir haben uns dann eine Woche lang in den Wäldern ohne Essen und Trinken aufgehalten, ohne zu wissen, wo wir uns eigentlich befinden. Nach einem Jahr Zwangsarbeit bei den Polen sind wir dann nach dem Westen ausgewiesen worden.«

Auch davon hatte Stephan keine Ahnung gehabt. Daß seine Eltern Zwangsarbeiter bei den Polen gewesen waren. Das Wort Zwangsarbeit war in seiner Familie nie ausgesprochen worden. Weder was russische oder polnische Zwangsarbeiter und auch nicht was Deutsche oder sie selbst als Zwangsarbeiter betraf.

Gleichwohl hatte Stephan seine ganz eigene Vorstellung von dem, was Zwangsarbeit war. Schließlich war ihm schon von frühester Kindheit an eingeprägt worden, daß Leben Arbeit und Arbeit Zwangsarbeit war. Und nicht ohne Bitterkeit dachte er daran, daß sein Vater auf seine Weise ein Leben lang ein Zwangsarbeiter gewesen war, ganz unabhängig von seinem Schicksal als Flüchtling. Und daß er zugleich versucht hatte, seine Töchter und vor allem seinen Sohn zu Zwangsarbeitern zu erziehen. Zwangsarbeiter im elterlichen Geschäft und im Haushalt. Zwangslagerarbeiter oder Zwangsküchenhelfer. Bei Stephans Schwester Waltraut war das dem Vater am besten gelungen, sonst hätte sie wohl nie einen Landwirt geheiratet. Und die Tatsache, daß sie nie aus den Gummistiefeln herauskam, hätte den Vater glücklich gemacht. Einzig am Hund war sein Vater gescheitert, von dem er im Grunde auch erwartete, daß er sich sein Fressen durch Mitarbeit verdiente. Aber ein Langhaardackel war kein Ochse, den man vor einen Karren spannen konnte, auch wenn Stephan dies als Kind mit Nelli und einem Bollerwagen gelegentlich versucht hatte. Allerdings führten alle diese Auskünfte von seiten der

Eltern zu keinem Ergebnis. Auch der Versuch des Kindersuchdienstes, andere Treckteilnehmer oder gar den sogenannten Treckführer mit Hilfe der Eltern ausfindig zu machen, schlugen fehl. Wohl konnte Stephan der Akte entnehmen, daß drei mutmaßliche Treckteilnehmer, die nun in Düshorn, Poggenhagen und Neugnadenfeld lebten, angeschrieben wurden, doch waren die ebenfalls in den Akten befindlichen Antworten allesamt negativ. Der eine wußte von nichts, der andere war vorher bereits in russische Gefangenschaft geraten, und der dritte konnte nur berichten, daß der Treckführer erschossen worden war, hatte aber keine Kenntnis über das Schicksal des verlorenen Kleinkindes. Der Versuch, Spuren des Kindes über andere und nun zumeist in Niedersachsen lebende Mitflüchtlinge zu finden, war also fehlgeschlagen, und der Briefwechsel mit dem Suchdienst stockte einige Zeit.

Er wurde dann von der Mutter im Jahr 1959 wiederaufgenommen, als sie laut Aktenvermerk in der *Freien Presse* das Foto eines Findelkindes mit der Nr. 2307 entdeckt hatte, von dem sie sogleich überzeugt war, daß es sich um ihr Kind handelte. Der Zeitungsausschnitt mit dem Foto des Kindes war dem Aktenvermerk beigefügt, und nun sah Stephan zum ersten Mal ein Foto der mutmaßlichen Person, die im Leben seiner Eltern und natürlich auch in seinem eigenen eine so große Rolle gespielt hatte, wenn auch als abwesende: ein blonder Junge mit einem starken Haarwirbel auf der rechten Seite, in dem Stephan sofort seine eigenen Züge erkannte. Und außerdem hatte auch er einen Haarwirbel auf der rechten Seite.

Stephan erkannte nicht nur eine Ähnlichkeit mit sich selbst in dem Kind, sondern auch Züge seiner Schwester Gerda, die ebenso wie er und im Unterschied zu Waltraut ein blonder und eher blasser Typ war, mit hellblauen Augen und beinahe so, wie man sich einen Menschen polnischer oder russischer Herkunft vorzustellen hatte. Das Foto war in einer Sonntagsausgabe der *Freien Presse* erschienen (allerdings nannte der Aktenvermerk kein Datum) und mit folgendem Text versehen: *Nr. 2307. Namenloser Knabe. Genannt Hermann Stäub. Name: unbekannt. Vorname: unbekannt. Geb. etwa 1944. Augen: blau. Haare: blond. Der Knabe kam 1948 aus dem polnisch verwalteten Gebiet. Es ist nichts über den Geburtsort, eventuelle Verwandte, Name oder Herkunft bekannt.*

Der Junge auf dem Foto schaute optimistisch und gar nicht unglücklich in die Kamera. Stephan wäre froh gewesen, wenn es ein solch vorteilhaftes Kinderfoto von ihm gegeben hätte. Eines, auf dem er nicht mit wäßrigem Blick und teigigem Gesichtsausdruck in die Kamera geblickt hätte. Von den eingefetteten Haaren, womit der rechte Haarwirbel gebändigt werden sollte, gar nicht zu reden. Hermanns Haarwirbel war überhaupt nicht gebändigt, die Haare standen vielmehr frech und nach Lausbubenart in die Luft. Wenn er es recht betrachtete, dann war Hermann der fröhliche, wohlgeratene und sympathische Doppelgänger seiner selbst. Oder auch umgekehrt: Stephan war die teigige Ausgabe des fröhlichen Hermann. Obwohl Hermann doch das Kind mit Schicksal war und nicht etwa Stephan.

Stephan hatte kein Schicksal, sondern nur schlechte Schulnoten, einen cholerischen, arbeitswütigen Vater und eine von Schuldgefühlen und der Sehnsucht nach ihrem Kind zermürbte Mutter gehabt. Ansonsten aber hatte Stephan besonders auch hinsichtlich der ihm zur Verfügung stehenden Lebensmittel alles gehabt, was ein dickes und teigiges Vertriebenenkind sich nur wünschen konnte, so daß sich Stephan jede Larmoyanz gegenüber der eigenen Kindheit verbot. Daß Stephan ausreichend, ja geradezu üppig versorgt gewesen war, hatte auch sein Vater immer betont. Auch heute noch tönte ihm manchmal das väterliche »Du hast doch alles!« in den Ohren, wenn sich irgendein Konsumwunsch in ihm regte.

Im Vergleich zu einem wolhynischen Bauernjungen hatte er gewiß mehr als genug gehabt. Irgendwann hatte er sich einmal einen Bildband mit dem Titel *Die Deutschen in Wolhynien* besorgt, was gar nicht so einfach war, da es diesen Band nur in der Pankower Bezirksbibliothek gab. Als er das Buch dann endlich nach einer zeitraubenden S-Bahn-Fahrt in eine Gegend von Berlin, in der er vorher noch nie gewesen war, besorgt hatte, ließ er es monatelang in der Wohnung herumliegen, ohne es auch nur anzurühren. Die Mahnungen der Bibliothek hatte er ebenfalls ignoriert,

Pankow war schließlich weit weg, bis ihn ein nach Amtsgerichtspost aussehendes Einschreiben und die Androhung, daß man das Buch durch einen Boten abholen lassen würde, was entsprechende Kosten mit sich brächte, dazu veranlaßte, einen weiteren Nachmittag zu opfern und es wieder zurückzubringen. Von den angedrohten Kosten hätte er sich ein Dutzend Exemplare des Buches kaufen können. Er hatte den Band dann während der S-Bahn-Fahrt zurück nach Pankow durchgeblättert und sich vor allem die Fotos in dem Kapitel *Handwerker- und Bauerneinwanderung nach 1831* angesehen, was ja wohl für seine Vorfahren väterlicherseits zutraf, wenn sie nicht noch früher nach Wolhynien eingewandert waren.

Den Fotos nach sah das Leben in Wolhynien nicht gerade komfortabel aus. Auf einem war ein Heuhaufen mit zwei Türen darin und einer fünfköpfigen Familie davor zu sehen. Unter dem Bild stand: *Erdhütte als Notbehausung der Kolonisten nach 1918*. Auch die Innenansicht des wolhynischen Lebens war nicht allzu vielversprechend: ein niedriger Raum, darin mehrere Holzbetten und ein Küchentisch, dazu der Kommentar: *Leben in Erdhütten, wie in der Einwanderungszeit der Vorgeneration*. Diesmal war nicht von einer Notbehausung die Rede, und man konnte den Eindruck gewinnen, daß die Wolhyniendeutschen sich in den Erdhütten eingerichtet hatten. Wenn überhaupt – denn auf einem anderen Foto sah Stephan eine Familie samt Betten und Hausrat auf einer Wiese und unter einem Baum kampieren, während im Hintergrund ein Schwein durch das Bild lief. Bildunterschrift: *Vertriebene Pächterfamilie der 20er Jahre mit ihrem Hausrat.* Glücklicherweise wußte Stephan aus der von Onkel Ernst angefertigten Karte der Kolonie Bryschtsche, daß die Eltern des Vaters Land und ein Haus besessen hatten, sonst hätte ihn nun ein echter Katzenjammer ergriffen, denn angesichts dieser wolhynischen Erdhütten tönte ihm das einst so verhaßte väterliche »Du hast doch alles« nun doch ein wenig verständlicher in den Ohren. Von Erdhütten hatten seine Eltern nie etwas erzählt oder davon, daß man als wolhynischer Siedler anscheinend in die Lage geraten konnte, mit seinem Hausrat auf offenem Feld zu kampieren. Aber sie hatten ja auch von Hermann nichts erzählt. Sie hatten von alledem nichts, im Wortsinne *rein gar nichts* erzählt. Nichts von Zwangsarbeit, nichts von Wolhynien, nichts von den Großeltern, nichts von Erdhütten, nichts von den Urgroßeltern, die es ja auch gegeben haben mußte, nichts von Nelli, dem Langhaardackel aus dem Osten, den sie sicher sehr gemocht hatten und den sein Vater im Unterschied zur Nachkriegsnelli wohl niemals Mistvieh genannt und ihr auch niemals einen Tritt dabei versetzt hatte, so daß sie sich stundenlang unter der Küchenbank verkroch. Glaubte man dem Autor des Bildbandes, dann hatten sich die deutschen Kolonisten in Wolhynien nicht sonderlich wohl gefühlt. Und nicht nur die, die in Erdhütten lebten. Vielleicht hatten seine Eltern auch deshalb nie irgendeine Sehnsucht nach der verlorenen Heimat geäußert. Es war gar keine Heimat gewesen. Vielleicht waren sie sogar froh, Wolhynien, den Erdhütten und frei herumlaufenden Schweinen entkommen zu sein, wenn auch nicht als Folge eines Weltkriegs. Doch wer in Wolhynien war, der schien ohnehin auf verlorenem Posten. Stephan war ja auch froh gewesen, daß er irgendwann seiner norddeutschen Heimat entkommen und nach Westberlin gegangen war. Die norddeutsche Heimat war sein verlorener Posten gewesen. Auch er hatte niemals mehr Sehnsucht danach gehabt, was seiner Meinung nach sowohl an der Gegend lag, diesem mit Lagerhallen und Kläranlagen vollgestellten Acker- und Weideland, als auch daran, daß seine Eltern in der neuen norddeutschen Heimat ebenfalls keine Heimatgefühle entwickelt hatten. Norddeutschland war ihnen bloße Zuflucht und Arbeitsplatz gewesen, so wie Wolhynien ihnen sowie den Vorfahren bloße Zuflucht und Arbeitsplatz gewesen war. Zwangsarbeitsplatz.

Seine Eltern waren auch nie auf ein Vertriebenentreffen oder in ein sogenanntes Haus der Heimat gegangen. Nicht mal ein besticktes Wohnzimmerkissen hatten sie sich gestattet. Was hätte auch darauf gestickt sein sollen: die wolhynische Nationalflagge? Eine Erdhütte mit frei herumlaufendem Schwein davor? Seine Eltern hatten einzig und allein Sehnsucht nach Hermann gehabt, und diese Sehnsucht war in den Akten dokumentiert, in denen Stephan das Foto gefunden hatte und davon nun auf eine Weise alarmiert war, wie seine Mutter alarmiert gewesen sein mußte, als sie das Bild in der *Freien Presse* erblickt hatte.

Die Überzeugung der Eltern, daß es sich bei Hermann um ihr leibliches Kind handelte, wurde noch bestärkt durch drei Blutgruppenbefunde des Instituts für gerichtliche und soziale Medizin der Universität Kiel, die sie für sich und Hermann auf eigene Kosten beantragt hatten und in denen ihnen bestätigt wurde, »daß es möglich ist, daß das Findelkind 2307 (gen. Hermann Stäub) von den Antragstellern abstammt«. Die Blutgruppenbefunde selbst waren in den Akten ebenfalls dokumentiert, bildeten aber eine für Stephan unverständliche Buchstabenreihe: O MM C/cD e/e lautete beispielsweise der Befund für Hermann.

Auch wenn die daran anschließenden anthropologischen und erbbiologischen Untersuchungen keinen Beweis einer leiblichen Verwandtschaft erbrachten und das Kind den Eltern nicht zugesprochen werden konnte, so hatten sie doch immer an Hermann als ihrem verlorenen Sohn festgehalten, ihm mehrere Jahre lang Päckchen geschickt, die dem Kind allerdings, wie Stephan nun auch in den neuen Akten noch einmal lesen konnte, anonym übergeben wurden, was die Mutter geschmerzt haben mußte. Noch mehr geschmerzt haben mußte sie allerdings die Nachricht des Jugendamts, daß der Junge irgendwann von einer Pflegefamilie aufgenommen wurde und man sie bat, von nun an alle weiteren Geschenksendungen einzustellen.

Danach gab es für mehr als ein Jahrzehnt keine weiteren Kontakte mit dem Jugendamt oder dem Suchdienst. Die Korrespondenz setzte erst im Jahr 1977 von seiten des Suchdienstes wieder ein. Stephan hatte einen Brief des Suchdienstes vor sich, der nicht mehr aus Hamburg-Osdorf, sondern aus München kam und in dem die Mutter gebeten wurde, folgende Fragen zu beantworten: 1) Halten Sie den Suchantrag aufrecht, und sollen wir weiter nachforschen? 2) Besitzen Sie neuere Informationen, die Sie uns noch nicht zugestellt haben? 3) Sind Sie damit einverstanden, daß wir Ihren Suchfall (ohne Nennung Ihres Wohnsitzes) im Rundfunk verlesen lassen? 4) Sind Sie damit einverstanden, daß wir Ihren Suchfall in einer Heimatzeitschrift der Landsmannschaften oder in der allgemeinen Presse (ohne Nennung Ihres Wohnsitzes) veröffentlichen?

Die Mutter hatte die erste Frage mit Ja und alle weiteren mit Nein beantwortet. Was nichts anderes hieß, als daß wohl weiter gesucht, zugleich aber nichts mehr unternommen werden sollte. Es war dann auch tatsächlich nichts mehr unternommen worden, denn der Fragebogen war das letzte Dokument der Akte. Stephan konnte sich die paradoxe Haltung der Mutter nicht erklären. Sie wollte ihr Kind noch immer finden, aber sie wollte dies keinesfalls öffentlich tun. Obwohl der Suchdienst in den entsprechenden Zeitungen nur den Namen, nicht aber den Wohnsitz genannt hätte. Ganz offensichtlich schämte sie sich ihrer Suche. Aber was war daran beschämend? Stephan verstand es nicht. Oder nur insofern, als die Jahre der Suche für die Mutter eine dauernde Selbstentblößung gewesen sein mußten.

Stephan wußte, daß die Eltern sich während der anthropologischen und erbbiologischen Untersuchungen im Wortsinne entblößt hatten. Sie mußten nicht nur ihre Blutwerte preisgeben, sondern auch ihren Körperbau, ihre Schädelformen und Bauchfettwerte. Doch offensichtlich kam für die Mutter auch alles andere, jede Korrespondenz und jede Anfrage, einer solchen Selbstentblößung gleich. Nicht nur den Verlust des Kindes mochte sie als schuldhaft empfunden haben. Auch die Suche selbst war offenbar schuldhaft und deshalb beschämend für sie.

Sie hielt den Suchantrag aufrecht, aber sie wollte nicht, daß weitergesucht wurde. Vielleicht fürchtete sie auch den Gedanken, ihrem verlorenen Kind ein zweites Mal die Erfahrung zuzumuten, aus seinen Lebensverhältnissen gerissen zu werden. Die Furcht der Mutter brauchte Stephan nicht zu haben. Einen inzwischen über sechzigjährigen Mann konnte er schwerlich aus seinen Lebensverhältnissen reißen. Wenn er überhaupt noch lebte. Das war das erste, was Stephan herausfinden mußte. Dann würde er seine Schwestern von seinen Recherchen in Kenntnis setzen, und er malte sich bereits aus, wie sich alle vier Geschwister auf Waltrauts Hof träfen und beieinander wären. Sechzig Jahre nach dem Krieg.

Hermanns Wohnort und Adresse herauszufinden war kein Problem. Stephan gab im elektronischen Telefonbuch den Namen Stäub ein, und schon nach wenigen Sekunden las er ein halbes Dutzend entsprechender Einträge. Ein einziger der sechs Stäubs trug den Vornamen Hermann. Hermann Stäub. In Celle. Zwei Zugstunden von Berlin entfernt. Einschließlich Straße und Hausnummer. Eine Faxnummer hatte Hermann auch. Das Findelkind 2307 wohnte in Celle. Stephan war fast ein wenig enttäuscht, wie einfach sich nun alles auflöste. Wahrscheinlich wohnte das Findelkind 2307 in irgendeinem Reihenhaus am Stadtrand. Mit Jägerzaun und im Baumarkt gekaufter selbstmontierter Haustürbeleuchtung mit Bewegungsmelder.

Sollte er schreiben oder gleich hinfahren? Oder erst einmal mit Helen darüber sprechen? Vielleicht lebte Hermann Stäub ja gar nicht mehr. Vielleicht war der Telefonbucheintrag veraltet. Mit über sechzig konnte man schließlich tot sein. Niemand wunderte sich darüber, wenn man mit sechzig starb. Selbst ein Tod mit vierundfünfzig war zwar verfrüht, aber so tragisch nun auch wieder nicht.

Stephan beschloß, gar nicht erst lange herumzurätseln, sondern einen Testanruf zu machen. Er wählte die Nummer mit der Vorwahl von Celle, und schon nach dem ersten Klingeln meldete sich eine Männerstimme und sagte: »Stäub«. Stephan sagte nichts, die Stimme sagte »Hallo«, Stephan sagte noch immer nichts und legte mit angehaltenem Atem und vorsichtig wieder auf. Das Findelkind 2307 lebte also. Stephan hatte das Gefühl, als wären sechzig Jahre Geschichte auf einen Punkt zusammengeschnurrt. Er würde nach Celle fahren und mit Hermann sprechen. Und vorher seine Schwestern mit der Nachricht überraschen, daß er den Bruder gefunden hatte. Höchstwahrscheinlich. Mit an Sicherheit grenzender Wahrscheinlichkeit.

Noch am gleichen Tag rief Stephan Waltraut an und berichtete ihr von seinen Recherchen und der Neuigkeit. »Unser Bruder lebt in Celle«, sagte er, wobei er sich das »höchstwahrscheinlich« verkniff. Waltraut hatte erst einmal nichts gesagt und ihm dann geantwortet, daß sie das nicht glauben könne. Und dann hatte sie, noch ehe er etwas erwidern konnte, zu weinen angefangen. Sie hatte hemmungslos geweint, immer in den Hörer hinein, und dabei auch ein paarmal geschnieft und die Nase hochgezogen, so daß Stephan ganz gerührt war und das Gefühl hatte, seine kleine große Schwester von früher am Telefon zu haben. Nachdem sie sich wieder beruhigt hatte, schlug Waltraut Stephan vor, so bald wie möglich nach Celle zu fahren und mit Hermann zu sprechen. Dann würde man mehr wissen, und eine neuerliche Untersuchung würde den Beweis einer Verwandtschaft sehr schnell liefern, falls Hermann dazu bereit sein sollte. Außerdem solle er Gerda anrufen. Und sich dann wieder bei ihr melden. Stephan versprach es, legte auf und wählte Gerdas Nummer. Er tat dies mit einem plötzlich aufwallenden Familiengefühl, das er lange nicht mehr gehabt hatte und das ihn beinahe ein wenig euphorisch stimmte. Als würden die Geschwister plötzlich zusammenrücken, wie sie noch nie zusammengerückt waren. Das Gefühl ließ nach, als Stephan Gerda am Telefon hatte. Sie war gar nicht beeindruckt von Stephans Neuigkeiten und reagierte fast ein wenig beleidigt, weil er ohne Absprache in Familienangelegenheiten recherchiert und ihr nichts von seinem Kontakt zu dem Suchdienst und den neuen Akten erzählt hatte. Stephan verteidigte sich mit dem Hinweis, daß er nicht vorzeitig die Pferde scheu machen wollte. Nun aber gebe es Namen und Adresse des Findelkindes 2307, das im übrigen Gerda noch ähnlicher sehe beziehungsweise gesehen habe als ihm selbst.

Auch von dieser Ähnlichkeit wollte Gerda nichts wissen. Sie wollte erst einmal das Foto sehen. Waltraut hatte das Foto nicht sehen wollen. Gerda wollte es sehen. Und den Namen des Mannes wollte sie auch wissen. Stephan sagte ihr den Namen, worauf Gerda nur erwiderte, daß ihr der Name nichts sagen würde. »Der Name kann dir auch nichts sagen«, sagte Stephan, »der Name ist eine Erfindung. Sie hätten ihn auch Gustav Schmitz oder Ali Baba oder sonstwie nennen können.« »Und warum dann Staub oder Stäub, oder wie immer der Mann heißt?« fragte Gerda zurück. »Weil der Name relativ selten ist, nehme ich an«, sagte Stephan. Dann schlug er vor, Gerda das Dokument mit dem Foto umgehend zu faxen. Noch während des Telefonats. Gerda war einverstanden, Stephan legte das

Blatt in das Faxgerät, wählte und konnte schon nach wenigen Sekunden durchs Telefon hören, wie erst Gerdas Faxgerät klingelte und dann das Dokument ausgedruckt wurde. Dann geschah einen Moment lang nichts, bis Gerda sagte: »Ein blonder Junge wie tausend andere blonde Jungen auch.« »Das ist alles?« fragte Stephan zurück, »schau dir den Wirbel an, die Augen, die Wangenknochen, den ganzen Gesichtsausdruck.« »Kann sein«, sagte Gerda, »kann aber auch nicht sein, einen Haarwirbel, blaue Augen und solche Wangenknochen haben viele blonde Jungen.«

Stephan ging darauf nicht mehr ein und sagte ihr, daß er mit Waltraut vereinbart habe, Hermann zu besuchen und ihn zu bitten, gegebenenfalls mit ihm zusammen einen Verwandtschaftstest machen zu lassen. »Das kann teuer werden«, sagte Gerda darauf. »Glaube ich nicht«, sagte Stephan, »inzwischen reicht ein DNA-Test, den kann man an jeder Ecke machen lassen.« »Einen Vater-zu-Sohn-Test schon«, meinte Gerda daraufhin, »aber keinen Bruder-zu-Bruder-Test.« Stephan war irritiert. Seit wann kannte sich Gerda mit Verwandtschaftstests aus? Er wußte, daß sie sich mit Capri-Reisen und mit Eigentumswohnungen auskannte, aber Verwandtschaftstests?

Um sie auf die Probe zu stellen, fragte Stephan, was denn ein Bruder-zu-Bruder-Test im Unterschied zu einem Vater-zu-Sohn-Test kosten würde. »Keine Ahnung«, sagte sie, was Stephan wiederum dreist fand. Erst schien sie alles zu wissen, und nun wußte sie gar nichts mehr. Bevor er aber unwillig werden konnte, ergänzte sie: »Vater zu Sohn vielleicht hundert und Bruder zu Bruder sechshundert oder noch mehr.« Nun fragte Stephan, woher sie das alles wisse, worauf Gerda nur sagte: »Von Philipp. Der hat damit dauernd zu tun.«

Philipp war ihr Lebensgefährte, der verwitwete Rechtsanwalt, den Gerda nicht heiratete, um die Unterhaltszahlungen nicht zu gefährden, die sie von ihrem geschiedenen Mann erhielt. Offenbar verdiente Philipp sein Geld mit Vaterschaftsprozessen. Sechshundert Euro für ein Gutachten fand Stephan nicht sehr viel, und das sagte er Gerda auch, worauf sie sagte, daß in Gelddingen eben jeder seine eigenen Ansichten habe. Außerdem, so Gerda, würde ein Bruder-zu-Bruder-Test nur die Verwandtschaft zwischen den Brüdern bestätigen, nicht aber die zwischen den Schwestern und dem Bruder.

Gerda war schrecklich. Obwohl sie immer schon ziemlich unterkühlt war, hatte Stephan ihr so viel Kälte nicht zugetraut. Sollte er ihr vielleicht auch noch beweisen, daß er selbst ihr leiblicher Bruder war? »Dann machen wir eben auch einen Schwester-zu-Bruder-Test«, sagte Stephan daraufhin, worauf Gerda nur antwortete, es sei am besten, wenn sie sich zusammensetzten und alles besprächen, bevor er irgendwelche unüberlegten Dinge tue. Sie würde Waltraut anrufen und sich wieder melden.

Noch am Abend desselben Tages rief Gerda zurück

und schlug für das übernächste Wochenende ein Treffen vor, und zwar bei Waltraut und ihrem Mann Gerhard, da diese den Hof nicht verlassen könnten. Und dann bat sie Stephan, bis dahin nichts zu unternehmen und sich auch nicht an den besagten Herrn Staub oder Stäub zu wenden. Auch Waltraut sei im übrigen dieser Meinung. Das glaubte Stephan zwar nicht, aber er sagte trotzdem zu, vorerst nichts zu unternehmen und erst einmal das Treffen abzuwarten.

Als Stephan die ganze Angelegenheit mit Helen besprach und sich bei ihr über Gerdas Verhalten beklagte, meinte sie nur, daß er sich eben mit Waltraut verbünden solle. Gegen Gerda könne man nichts machen, das habe sie schon immer gewußt. Und wirklich verwandt fühle er sich ja ohnehin nur mit Waltraut. Diesmal lag seine Frau falsch, denn mit Waltraut hatte er sich nie sehr verwandt gefühlt und sie gerade deshalb so anziehend gefunden. Natürlich sagte er das nicht, sondern bestätigte nur Helens Einschätzung, daß Gerda eben eine emotional verkümmerte und auch ziemlich geldgierige Person sei, obwohl sie doch alles habe und im Jahr sooft sie wolle nach Capri oder Montecatini oder sonstwohin reisen könne.

Ein wenig fürchtete sich Stephan vor Gerda, als er am vereinbarten Wochenende auf Waltrauts Bauernhof eintraf. Dafür freute er sich auf Waltraut, der es allerdings gesundheitlich nicht besonders gutzugehen schien. Sie wirkte erschöpft, war grau im Gesicht, bewegte sich merkwürdig steif und sah nicht mehr wolhynisch-sizilianisch, sondern nur noch wolhynisch aus. Man merkte ihr an, daß sie das halbe Leben nicht aus den Gummistiefeln herausgekommen war, und Stephan hatte beinahe so etwas wie Mitleid. Gerda dagegen war ganz die elegante Dame aus Bad Pyrmont mit Eigentumswohnung. Außerdem hatte sie Philipp mitgebracht, ihren graumelierten Lebensgefährten und Rechtsanwalt, der mit einem nagelneuen Mercedes der S-Klasse auf den Hof gefahren war, einen kamelhaarfarbenen Blazer mit Goldknöpfen trug und breitschultrig wie ein Boxer war.

Waltrauts Mann Gerhard war noch mit irgendwelchen Arbeiten beschäftigt, als sie sich im Wohnzimmer um den großen Eßtisch setzten, wo man besser als auf den Sesseln oder der Couch saß und wo bereits Kaffeetassen, eine Thermoskanne mit Kaffee und ein Marmorkuchen für sie bereitstanden. Gerhard kam in dem Moment zu dem Gespräch hinzu, als Stephan Kopien der Akte mit dem Foto des Findelkindes verteilte. Er hatte eigens zu diesem Zweck noch einmal besonders gute Kopien machen lassen, denn je besser die Kopie, um so deutlicher würde die Familienähnlichkeit Hermanns zu erkennen sein. Gerda ließ sich allerdings auch jetzt nicht davon überzeugen und sagte nur, was sie auch schon am Telefon gesagt hatte: blonde Jungen mit einem Haarwirbel habe es viele gegeben. Waltraut blickte nur stumm auf das Bild, und Philipp, der ganz den Fachmann herauskehrte und das Bild auf eine Weise studierte, als würde er einen besonders gekonnt gefälschten Geldschein prüfen, sagte schließlich nur: »Kann sein, kann aber auch nicht sein.«

Das war allerdings mehr, als Stephan erwartet hatte. Er war davon ausgegangen, daß Philipp als Verstärkung Gerdas mitgekommen war und jede Ähnlichkeit entschieden abstreiten würde. Erleichtert sagte er darum: »Wir lassen den Test machen, und dann wissen wir es.« »Ein Test ist kein Problem«, sagte Philipp, »aber was, wenn der Test positiv ist?« »Dann sind wir wieder zu viert«, sagte Stephan, »und haben unseren Eltern nachträglich ihren sehnlichsten Wunsch erfüllt.« »Das kann teuer werden«, erwiderte Philipp, worauf Stephan sagte, daß sechshundert Euro ziemlich wenig seien dafür, ein beinahe sechzig Jahre andauerndes Familientrauma doch noch aufzulösen.

»Wieso sechshundert Euro?« fragte Philipp nun. »Sechshundert Euro kostet der Bruder-zu-Bruder-Test«, antwortete Stephan, »das weiß ich von Gerda.« »Mehr oder weniger«, ergänzte Philipp, »manchmal sogar mehr.« Aber darum gehe es nicht. Wenn er sage, es werde teuer, dann meine er die Erbansprüche ihres Bruders.

»Hermann hat Erbansprüche?« fragte Stephan. »Aber sicher!« mischte sich Gerda nun ein, die die ganze Zeit geschwiegen hatte. »Was denn sonst!« Stephan sagte nichts und schaute auf Waltraut und ihren Mann, die beide zustimmend nickten und anscheinend von Gerda und dem Anwalt schon vorab über die Rechtslage informiert worden waren. Dann führte Philipp aus, daß der Erbanspruch von leiblichen Kindern beziehungsweise Geschwistern nicht verjähre, es sei denn, Hermann sei adoptiert worden. Im Falle einer Adoption würden alle Erbansprüche gegenüber den leiblichen Verwandten erlöschen. Hermann sei aber nicht adoptiert worden, denn er habe seinen Namen, den man ihm als Findelkind gegeben habe, behalten. Er sei mit hoher Wahrscheinlichkeit nur ein Pflegekind gewesen und könne, bei Nachweis einer leiblichen Verwandtschaft, ein Viertel dessen einfordern, was Stephan, Gerda und Waltraut von ihren Eltern geerbt hätten.

Stephans Eltern waren wie die meisten Vertriebenen fleißige Leute gewesen, waren zu Wohlstand gekommen und hatten Grund- und Hausbesitz erworben. Mit dem Geld, das die Geschwister geerbt hatten, konnte man sich heute eine Eigentumswohnung in einem Kurort wie Bad Pyrmont kaufen. Mit Terrasse und Blick auf den Kurpark. Stephan hatte von seiner Mutter einhundertachtzigtausend Mark geerbt, und Waltraut und Gerda ebenfalls. Das war damals sehr viel Geld gewesen für ihn, der gerade sein Studium beendet hatte. Heute war es nicht mehr ganz so viel, aber immer noch eine ziemlich hohe Summe, die man nicht so einfach verfügbar hatte. Auch Stephan nicht.

Er hatte überhaupt wenig gespart, mit einer halben Stelle war das nur schwer möglich gewesen. Und die Erbschaft hatte er mit den Jahren verzehrt. Er hatte immerhin zwölf Semester studiert, und immer ohne

Stipendium. Und auch eine längere beschäftigungslose Zeit hatte er mit dem Geld überbrückt, bevor er bei Deutsch als Fremdsprache untergekommen war. Außerdem war er kein Spartyp. Ein Verschwender allerdings auch nicht. Er war eher ein ökonomisches Paradox: Er lebte bescheiden und gab trotzdem viel Geld aus. Doch die Summe für Hermann würde er aufbringen. Und wenn er einen Kredit aufnehmen müßte. Außerdem fiele die Miete für die Zweitwohnung ja bald weg, und das eingesparte Geld könnte er für die Rückzahlung des Kredits nutzen. Gerda würde das Geld ebenfalls aufbringen können. Spielend sogar. Sie hatte schließlich mit ihrem geschiedenen Ehemann eine gut verdienende Gewinngemeinschaft gebildet. Und so hoch war die Summe, die Hermann zustehen würde, nun auch wieder nicht. Falls Philipp mit seiner juristischen Einschätzung überhaupt recht hatte.

Stephan begann zu rechnen, multiplizierte hundertachtzigtausend mal drei und teilte alles wieder durch vier und bekam heraus, daß Hermann hundertfünfunddreißigtausend Mark beanspruchen konnte, was rund gerechnet neunundsechzigtausend Euro waren. Das machte dreiundzwanzigtausend Euro für jeden von ihnen. »Dreiundzwanzigtausend«, sagte Stephan in die Runde, worauf Gerda sofort zurückschoß: »Absurd!« Stephan erläuterte seine Rechnung. Waltraut und ihr Mann hörten schweigend zu, Stephan sah aber, daß Waltrauts Mann schon vorher des öfteren den Kopf geschüttelt hatte, während Waltraut nur vor sich hin starrte. Und noch ehe Stephan sagen konnte, daß er bereit sei, die dreiundzwanzigtausend für Hermann aufzubringen, sagte Waltrauts Mann plötzlich, daß sie keinen einzigen Euro bezahlen würden. »Und warum nicht?« wollte Stephan nun wissen, worauf Gerhard nur sagte, daß er sich doch vor den Geschwistern seiner Frau nicht zu rechtfertigen brauche. Dann nahm er seine Brille ab und begann sie umständlich mit einem Taschentuch zu putzen. Stephan sagte: »Tut mir leid, du hast recht« und schwieg ebenfalls. Gerda kramte in ihrer Handtasche, die sie vor sich auf den Eßtisch gelegt hatte, und Stephan befürchtete, daß sie nun einen Spiegel herausholen und sich die Lippen nachziehen oder die Nase pudern würde. Das tat sie nicht. Sie hielt einfach nur ihre Handtasche auf und blickte hinein. Der einzige, der einigermaßen gelassen in die Runde schaute, war Philipp. Ihn schien das Gespräch eher zu amüsieren als zu bedrücken. Und er war es auch, der das Schweigen unterbrach und in die Runde fragte: »Soll ich euch als Anwalt einen Rat geben?« »Hängt von der Gebührenordnung ab«, sagte Stephan daraufhin. »Scherzbold«, erwiderte Philipp nur und sagte dann, nicht ohne eine kurze vorgeschobene Kunstpause einzuschieben und sich dabei die Krawatte glattzustreichen, um seinen Worten das entsprechende Gewicht zu verleihen: »Vergeßt das Ganze!« Die zweite Kunstpause, die nun noch folgen sollte, wurde allerdings von Gerda unterbrochen, die sofort ein »Genau!« und »Das bringt nur Scherereien!« hinzufügte. »Vergessen?« sagte Stephan. »Wegen dreiundzwanzigtausend Euro?«

Stephan bedauerte, daß er die Akten nicht dabeihatte. Er hätte jetzt gern den Bericht der Mutter über den Verlust des Kindes vorgelesen. Wie der sechzehn Monate alte Junge an einem Januartag im Jahr 1945 bei Konin und irgendwo im Wartheland, wenn Konin denn im Wartheland war, allein auf einem Pferdewagen und in eine Decke gehüllt davonfuhr, während die Eltern in den Wald flüchteten, sich dort eine ganze Woche verborgen hielten und dann zu einem Jahr Zwangsarbeit verurteilt wurden. Was auch bedeutete, daß sie ein ganzes Jahr nichts tun konnten, um ihr Kind wiederzufinden. Doch dieses eine Jahr zählte anscheinend wie acht Jahre, denn sie hatten acht Jahre damit gewartet, einen Suchantrag zu stellen.

Inzwischen hatte Gerhard Bier, Limonade, Erdnüsse und eine Flasche Cognac auf den Tisch gestellt, während Waltraut mit den Worten »Ich mache ein paar Brote« hinausging. Stephan las nicht aus den Akten vor, er hatte sie ja auch gar nicht dabei, und er wollte auch nicht länger am Tisch sitzen bleiben und über diesen Wintertag im Januar 1945 reden. Er wollte viel lieber mit Waltraut sprechen und folgte ihr mit den Worten »Ich helfe dir« in die Küche. Wobei ihm dieses »Ich helfe dir« fast wie ein Losungswort vorkam und er sich daran zu erinnern glaubte, Waltraut mit den gleichen Worten schon einmal in die Küche gefolgt zu sein. Aber alles andere war nicht mehr wie früher. Damals hatte sie ein schwarzes, enganliegendes Cocktailkleid getragen. Jetzt trug sie Cordhosen und einen weiten Pullover. Und war aschgrau im Gesicht. Doch auch er strömte nicht gerade Jugendlichkeit aus, sondern war ein nicht mehr gesunder Mann, der in dem Moment, als er sich vom Stuhl erhob, wieder seinen Herzschlag spürte, der ohne Vorankündigung zu stolpern begann. Stephan hielt sich an der Tischkante fest und atmete tief durch, während sich die anderen gerade Getränke einschenkten. Zum Glück merkten sie nichts von seinem Zustand, und zum Glück beruhigte sich das Herz wieder, und er konnte Waltraut in die Küche folgen.

Sie saß am Küchentisch, vor sich eine Zeitschrift mit dem Titel *Landwirtschaftliches Wochenblatt Süd-Niedersachsen*, auf deren Titelseite neben Artikeln über Bullenmast und die Lagerung von Kleegrasbeständen auch einer mit der Überschrift *Meister im Furchenziehen* angekündigt wurde. Darüber hätte Stephan gern einen Witz gemacht, aber die Situation war nicht danach. Er setzte sich auf einen Stuhl neben Waltraut und legte eine Hand auf ihre Schulter, was sie geschehen ließ, ohne aber aufzublicken. Statt dessen blätterte sie geistesabwesend in der Zeitschrift und sagte schließlich: »Wir sind verschuldet und werden wahrscheinlich verkaufen. Hoffentlich reicht es überhaupt für die Rente. Aber sag Gerhard nicht, daß ich mit dir gesprochen habe.«

Stephan hatte noch immer die Hand auf Waltrauts Schulter liegen und drückte sie nun ein wenig fester, was ihr gutzutun schien. Und auch ihm tat es gut, sie zu berühren. Er wollte sie trösten, doch im gleichen Moment kam Gerhard herein, so daß Stephan sofort die Hand von Waltrauts Schulter nahm und lieber schwieg. »Störe ich?« sagte Gerhard und stellte sich neben den Küchentisch, sah auf seine Frau und auf Stephan herab und sagte ebenfalls kein einziges Wort. Er redete ja ohnehin wenig, obwohl er rein äußerlich kein bäuerlicher, sondern eher ein intellektueller Typ war. Besonders mit seiner randlosen Brille, die Stephan viel zu empfindlich vorkam für einen, der auf dem Feld und im Stall arbeitete, hätte er den perfekten Oberstudienrat oder Finanzbeamten abgegeben.

Gerhard war anscheinend nicht in die Küche gekommen, um mit ihnen zu reden. Er begnügte sich damit, schweigend auf die beiden Geschwister herabzuschauen und dann wieder hinauszugehen. Stephan blieb noch einen Moment neben Waltraut sitzen, rückte aber mit seinem Stuhl von ihr ab. Sie begann wieder damit, in der Zeitschrift herumzublättern. Und sie hatte ja recht. Zu sagen gab es nichts mehr. Die Sache schien eindeutig zu sein: Hermann hatte keinen Platz in der Familie. Wenn Stephan Hermann trotzdem einweihen und den Test machen ließ, dann würde er möglicherweise einen Bruder wiederfinden, die beiden Schwestern aber verlieren. Wobei es ihm vor allem um Waltraut leid täte. Doch sie mußte zu ihrem Mann halten. Das war selbstverständlich. Um so dankbarer war Stephan ihr, als sie ihm sagte, daß er Hermann zwar nicht kontaktieren solle, daß er ihn sich aber einmal anschauen könne. »Und wie?« fragte Stephan zurück. »Ganz einfach«, sagte Waltraut, »fahr nach Celle und stell dich vors Haus.«

Stephan hatte befürchtet, daß Helen die Idee nicht sonderlich gefallen würde, als er ihr von seinem Plan erzählte, nach Celle zu fahren, um zu recherchieren, wie er es nannte. Aber sie zögerte nur einen kurzen Moment und sagte dann: »Fahr hin, schaden kann es nicht.« Und zugleich schlug sie ihm vor, am Sonnabend zu fahren. Wenn Hermann zu Hause war, dann würde er wie die meisten Menschen am Sonnabend einkaufen gehen. Auf den Markt oder in den nächsten Supermarkt. Stephan mußte sich nur früh genug vor Hermanns Haus aufhalten.
Stephan war beruhigt, daß Helen sein Vorhaben akzeptierte, obwohl er ihr leichtes Zögern durchaus bemerkt hatte. So ganz normal kam es ihr wahrscheinlich doch nicht vor, daß er in irgendeiner norddeutschen Kleinstadt vor einem fremden Haus herumlungern und darauf warten würde, seinen vermeintlichen Bruder zu sehen. Aber sie hatte recht: schaden konnte es nicht. Allenfalls konnte es ein wenig peinlich sein. Ruth und Julia würde Stephan davon jedoch nichts erzählen. Er hatte sie auch bisher nicht mit seiner Familiengeschichte behelligt, und sein Buch hatten sie ebenfalls nicht gelesen, obwohl er jeder von ihnen ein mit einer Widmung versehenes Exemplar geschenkt hatte.

Sie hatten es dankend an sich genommen und nie wieder erwähnt. Und sollte es wirklich zu einer Familienzusammenführung kommen, würden sie davon noch früh genug erfahren.

Er hatte allerdings auch Helen nicht alles erzählt. Wohl hatte er sich wiederholt bei ihr über Gerda beklagt, was zu jedem Gespräch über seine Schwestern dazugehörte, aber er hatte kein einziges Wort über den Streit um das Geld verloren. Helen wäre imstande gewesen, ihm das Geld anzubieten. Sie würde es ihm ganz sicher anbieten. Er wollte aber nicht, daß sie Hermann gewissermaßen freikaufte und auf diese Weise ein Problem löste, welches nur seine Familie anging. Freikaufen war keine Lösung. Weder für Hermann noch für alle anderen. Zumal Stephan spürte, daß ihm sein verlorener Bruder verlorenzugehen drohte. Und daran war der Streit um das Geld schuld.

Seit er Waltrauts Hof verlassen hatte und nach Berlin zurückgefahren war, war ihm die Vorstellung, daß Hermann sein Bruder sein könnte, nicht mehr ganz so angenehm wie bisher. Dabei war er doch bereit, jedes Opfer zu bringen. Auch jedes finanzielle. Das hatte er zumindest behauptet. Aber auf der Rückfahrt begann er plötzlich darüber nachzudenken, daß man mit dreiundzwanzigtausend Euro einiges anstellen könnte. Mit Helen eine Kreuzfahrt machen zum Beispiel. Auf dem Nil. Nach Mexiko fliegen. Auch dort gab es Pyramiden. Eine weitere Auszeit nehmen. Diesmal nicht von der Familie, sondern von der Arbeit. Für Helens

Praxis den antiken Bücherschrank und die indischen Seidenteppiche kaufen, von denen sie schon lange träumte. Wobei Julia und Ruth sicher auch noch Wünsche hatten. Mal ganz abgesehen davon, daß er über das Geld ja gar nicht verfügte, sondern einen Kredit aufnehmen müßte.

Stephan gefielen seine eigenen Gedanken nicht. Es waren Gedanken nach Gerda-Art, und ihm gefiel auch nicht, daß am Tag vor seiner Fahrt nach Celle ein Brief eines Rechtsanwalts im Briefkasten lag, von dem Helen so alarmiert war, daß er ihn sofort und in ihrer Anwesenheit hatte öffnen müssen. Er hatte Helen noch nie so nervös gesehen, aber sie hatten auch noch nie mit Anwälten zu tun gehabt. Irgendwann mußte er sie einmal fragen, was sie denn eigentlich so sehr fürchtete, wenn ein Anwalt einen Brief schickte. Doch jetzt und beim Öffnen des Briefes wurde er selbst nervös und beruhigte sich erst wieder, als er auf dem Briefkopf Philipps Namen entdeckte. Unter der Betreffzeile *Erbfall Verlorener Sohn* schickte Philipp ihm »in der vorbezeichneten Angelegenheit und als Ergänzung zum Gespräch am Wochenende« einen Auszug aus Palandts Kommentar zum Bürgerlichen Gesetzbuch, aus dem noch einmal hervorging, daß nur im Falle einer Adoption Erbansprüche gegenüber den leiblichen Eltern und Verwandten erlöschen würden. Ansonsten blieben die Erbansprüche bestehen. Das wußte Stephan bereits – nun hatte er es auch schwarz auf weiß. Wahrscheinlich steckte Gerda dahinter, dachte Stephan und ärgerte sich, daß er nun auch Helen darüber aufklären mußte, warum ihn ein Rechtsanwalt in Sachen Erbrecht aufklärte. Helen sagte denn auch, ganz wie Stephan es erwartet hatte: »Wir haben das Geld«, worauf Stephan am liebsten »Du hast es« erwidern wollte, was er aber vernünftigerweise nicht tat. Und dann sagte Helen noch: »Fahr trotzdem nach Celle. Wenn du jetzt nicht fährst, fährst du nie mehr hin.«

Er hatte den frühesten Zug genommen und war bereits um kurz nach acht in Celle. Im Bahnhof kaufte er sich einen Stadtplan und eine Lokalzeitung. Das machte er meistens so, wenn er irgendwo ankam. Erst einmal in der Bahnhofshalle einen Kaffee trinken und in die Lokalzeitung schauen. Das tat er zur Einstimmung und um der Traurigkeit, die ihn auf Bahnreisen regelmäßig überfiel, den entsprechenden Rahmen zu geben. Der Zeitung entnahm er, daß Celle nicht nur ein Institut für Bienenforschung, sondern auch ein Kurdenproblem hatte, weil sich gleich drei komplette kurdische Dörfer in dem Ortsteil Celle-Neustadt niedergelassen hatten. Nun hatte im Rahmen eines deutsch-kurdischen Integrationsprojekts eine Gruppe kurdischer Mädchen ein Kochbuch mit kurdischen Rezepten verfaßt, welches an diesem Samstag in der Stadtbibliothek präsentiert und am Beispiel einer Knoblauchsuppe praktisch erprobt werden sollte. Ausgerechnet Knoblauchsuppe, dachte Stephan, besonders integrationsfördernd schien das nicht.

Das Institut für Bienenforschung wiederum führte an diesem Wochenende eine Tagung der Arbeitsgemeinschaft der Institute für Bienenforschung durch, die sich auch, wie die Zeitung berichtete, Association of Institutes for Bee Research nannte. Das konnte interessant werden. Stephan hatte sich selbst mal eine Zeitlang für Insekten und Insektenkunde interessiert und Auszüge aus den *Souvenirs entomologiques* von Jean-Henri Fabre gelesen, wobei ihn das Kapitel über die Gottesanbeterin besonders interessiert hatte. Mehr jedenfalls als das über den Mistkäfer. Obwohl auch letzterer zu mythologischen Ehren gekommen war und ein riesiges, aus schwarzem Basalt hergestelltes Exemplar des Tieres im British Museum ausgestellt war. Die Referate der Bienenforscher, die auf der Tagung gehalten werden sollten, waren allerdings äußerst speziell und wohl nur für hauptberufliche Bienenforscher gedacht. Eines widmete sich beispielsweise der Frage nach der Qualität von afrikanischen Honigen.

Das waren die Hauptereignisse im Celler Stadtgebiet, so daß sich Stephan der Rubrik *Celler Umland: Wohin am Wochenende?* zuwandte. Hier wurde neben den üblichen Schützenfesten und Jahrmärkten auf den Heimattag der Wolhyniendeutschen hingewiesen, der in Uelzen stattfand und wo wahrscheinlich irgendwelche Vertriebenenfunktionäre den unzureichenden Lastenausgleich beklagten, den man ihnen vor fünfzig Jahren hatte zukommen lassen, bevor ihre Enkelkinder mangels wolhynischer Volkstänze rhythmische Gymnastik vorführten.

Stephan trank seinen Kaffee aus, ließ die Zeitung auf dem Stehtisch liegen und ging nicht Richtung Innenstadt, sondern durch den Hinterausgang des Bahnhofs Richtung Neustadt. *In den Gärten* lautete der Straßenname, was idyllisch klang. In Wahrheit aber befand sich die Straße nicht weit entfernt vom Bahnhof und am Anfang des Viertels, in dem die Kurden wohnten. Kurden sah Stephan keine, drei kurdische Dörfer erst recht nicht, dafür aber eine neoromanische Kirche mit Arkaden und bauchigen Säulen.

Hinter der Kirche war *In den Gärten*, allerdings konnte Stephan kein Haus mit Hermanns Hausnummer ausmachen. Das einzige Haus, das keine Nummer hatte, war ein einstöckiges Fachwerkhaus mit teilweise vernagelten Fenstern und einer Eingangstür, vor der zerbrochenes Glas und verschmutzte Möbelprospekte lagen. Er sah durch eines der Fenster auf eine Schranktür, auf der ein halbes Dutzend Aufkleber der Deutschen Verkehrswacht mit der Parole *Komm gut an!* klebten. Stephan nahm dies als gutes Omen und ging direkt neben dem Haus einen Weg hinein, der als Privatweg gekennzeichnet war und zu einer hinteren Reihe von Einfamilienhäusern führte. Hier fand er auch die richtige Hausnummer sowie Hermanns Namensschild am Briefkasten.

Die Bewohner dieser Häuser lebten wahrhaft in den Gärten, obwohl sie es nur ein paar Minuten bis zum Bahnhof hatten. Und Hermanns Haus sah in der Tat nicht sehr viel anders aus, als Stephan es sich vorgestellt hatte, wenn auch ohne Jägerzaun, sondern mit einem aus Eisen und einer eisernen Pforte. Dafür sah Stephan Rasen, Ziersträucher, ein großes Blumenfenster mit Strohsternen darin und eine mit einem Gitterfenster versehene Eingangstür. Das einzig Ungewöhnliche war eine Rampe neben der Haustür. Stephan war beruhigt. Besser so als in dem baufälligen Fachwerkhaus vorn an der Straße. Da hätte Hermann ja gleich in der wolhynischen Erdhütte bleiben können. Auch Gerda wäre beruhigt gewesen. Dem Findelkind 2307 ging es gut. Der Mann hatte alles. Der brauchte keine zusätzliche Erbschaft.

Stephan ging auf die Straße zurück. Direkt vor dem Haus wäre er sofort aufgefallen. *In den Gärten* stand niemand herum. Er stellte sich wieder vor das Fachwerkgebäude und wartete. Dann ging er eine Zeitlang auf und ab und schließlich wieder den Privatweg hinein, aber nicht ganz bis vor Hermanns Haus. Von Hermann war nichts zu sehen. Zum Glück hatte Stephan am Abend vorher noch einen Testanruf gemacht, und wieder war sofort eine Männerstimme am Apparat gewesen und hatte sich mit »Stäub« gemeldet. Er war also zu Hause. Früher oder später würde er herauskommen.

Aber er kam nicht heraus. Auch sonst kam niemand heraus. Irgendwann bemerkte Stephan, daß jemand in einem Nachbarhaus ihn beobachtete. Er verließ den Privatweg und versuchte, außen herum zur Rückseite des Hauses zu gehen. Aber es gab keinen Weg zur

Rückseite. Nur eine Mauer und Hecken. Also ging er wieder zurück. Im Nachbarhaus stand noch immer jemand hinter der Gardine und beobachtete ihn. So konnte er nicht weitermachen. Irgendwann würde man ihn für einen Rumänen halten, der einen Einbruch ausbaldowerte. Oder für einen Polen. Einen Deutschpolen. Einen Deutschpolen aus dem Wartheland mit ukrainischem Vater. Und sie würden die Polizei holen. Wie sollte er dann sein Herumstehen vor dem Fachwerkhaus oder auf dem Privatweg erklären. Vor dem Fachwerkhaus herumzustehen war immerhin nicht verboten. Auf dem Privatweg herumzustehen möglicherweise schon.

Es mußte etwas geschehen. Stephan entschloß sich, unter einem Vorwand zu klingeln. Das Gartentor war verschlossen, zum Glück war auch hier eine Klingel angebracht, und er brauchte nicht bis zur Haustür zu gehen. Er klingelte zaghaft und nur ein einziges Mal, doch die Klingel war so laut, daß er sie bis vor das Gartentor hören konnte. Ansonsten geschah nichts. Niemand öffnete, niemand drückte auf einen Summer. Nur der Nachbar hatte inzwischen die Gardine zur Seite gezogen und beobachtete Stephan nun ganz unverhohlen. Stephan beschloß, dem Nachbarn zu trotzen und weiter zu warten. Er tat dies noch zwei oder drei Minuten, bis sich endlich die Haustür öffnete und ein Mann im Türrahmen erschien.

Der Mann war mittelgroß, dunkelblond, hatte noch immer volles Haar und einen Wirbel auf der rechten

Seite, der die Haare an der Stelle hochstehen ließ. Er trug einen Trainingsanzug und stützte sich auf zwei Krücken. An einer der Krücken hing ein beigefarbener Stoffbeutel, wie man ihn zum Einkaufen benutzte. Stephan rief: »Ich suche Herrn Schneider, der soll hier wohnen.« Der Mann sagte nichts. Er schien damit beschäftigt, sich auf seine Krücken zu stützen und das Gleichgewicht zu halten. Dann schaute er, nachdem er eine stabile Position gefunden hatte, nach oben, als prüfe er den Sonnenstand oder die Wolken.

In diesem Moment erkannte Stephan Gerdas Gesichtszüge in ihm. Ihren skeptischen Blick, bei dem man glauben konnte, sie wäre beständig damit beschäftigt, irgend etwas nachzurechnen. Gerda machte immer Inventur. Auch der Mann schien jetzt Inventur zu machen. Vielleicht rechnete er die letzten sechzig Jahre nach. Angefangen mit der Fahrt ohne Eltern auf dem Pferdewagen im Januar 1945. Vielleicht fielen ihm gerade der Schnee, die Kälte, die Verzweiflung ein, die er damals verspürt hatte, als seine Eltern plötzlich nicht mehr bei ihm waren und der Pferdewagen ohne sie weiterrollte. Vielleicht aber fiel ihm auch gar nichts ein, und er hatte alles längst vergessen. Wie lange dauerte es, bis ein vierzehn Monate altes Baby die Stimme, die Wärme und den Geruch der Mutter vergaß. Einen Tag? Einen Monat? Oder reichte ein ganzes Leben dafür nicht aus?

Stephan würde Helen fragen. Vielleicht wußten die Bindungstheoretiker Bescheid. Immerhin hatte Her-

mann ein eigenes Haus. Und eine Rampe neben der Haustür. Stephan rief noch einmal »Herr Schneider«, doch der Mann sagte nichts. Er rechnete noch immer. Stephan gefiel nicht, daß der Mann nichts sagte. Ihm gefiel auch nicht, daß er so viel rechnete. Vielleicht rechnete er sich seinen Erbanteil aus. Wozu brauchte Hermann einen Erbanteil? Er hatte doch alles. Ein Eigenheim, ein Gartentor, eine Rampe und Strohsterne in den Blumenfenstern. Stephan gefiel Hermanns Gesichtsausdruck nicht. Hermann war ihm unsympathisch. Trotz seiner Krücken. Hermann sah mißtrauisch und berechnend aus. Vielleicht sollte Stephan auf ihn zugehen und ihn einfach nur umarmen. Falls er nicht sein Bruder war, dann war er doch immerhin das Findelkind 2307. Er stand in Stephans Buch. Die Eltern hatten ihm Weihnachtspäckchen geschickt. Stephan kannte seine Blutgruppe: O MM C/cD e/e.
Stephan wollte das Tor öffnen und Hermann umarmen, doch es war verschlossen. Stephan rüttelte an dem Tor, aber es ließ sich nicht öffnen. Der Mann hatte nicht auf den Summer gedrückt, und er tat es auch jetzt nicht. Stephan mußte zu ihm, unbedingt, und rüttelte noch einmal am Tor. Hermann dachte gar nicht daran, auf den Summer zu drücken. Statt dessen hob er die rechte Krücke und drohte Stephan. Hermann drohte Stephan mit einer Krücke. Stephan kannte Hermanns Blutgruppe, und Hermann drohte ihm mit einer Krücke. Das Findelkind 2307 war ein böser, alter und kranker Mann. Am liebsten hätte Ste-

phan jetzt eine Handvoll Kies vom Boden genommen und ihn in Richtung des bösen alten Mannes geworfen. So wie früher, wenn sie als Kinder in der Nachbarschaft böse alte Männer geärgert hatten.

Aber auf dem Boden war kein Kies. Statt dessen war dort der Schatten eines Menschen. Zu dem Schatten gehörte eine Frauenstimme, die zu Stephan sagte: »Kann ich Ihnen helfen? Dies ist ein Privatweg.« Stephan erschrak, drehte sich um und sagte, ohne sich sein Erschrecken anmerken zu lassen: »Nein, vielen Dank.« Dann machte er der Frau Platz, die mit einem Schlüssel das Gartentor öffnete und zur Haustür ging. Die Frau hatte ebenfalls einen Stoffbeutel in der Hand, der aber gefüllt war. Stephan sah, wie die Frau Hermanns leeren Stoffbeutel entgegennahm, ihm den vollen Beutel an die Krücke hängte und sich sofort wieder verabschiedete.

Stephan wollte der Frau nicht noch einmal begegnen und ging davon. Am liebsten wäre er gelaufen, aber er ging gemessenen Schrittes. Das hatte zur Folge, daß die Frau ihn überholte, aber keines Blickes würdigte. Zumindest tat sie so. Stephan sah noch einmal zu Hermann zurück, doch der war schon im Haus verschwunden. So langsam er herausgekommen war, so schnell war er verschwunden. Hermann wollte ganz offensichtlich nicht gestört werden. Auch nicht von seinem eigenen Bruder. Hermann wollte seine Ruhe haben. Und seine Frühstücksbrötchen. Oder was immer in dem Stoffbeutel war.

Als Stephan die Straße erreicht hatte, sah er, daß die Frau in ihrem Auto saß und wartete. Offenbar wartete sie darauf, daß Stephan den Privatweg verließ. Als er das Ende der Straße *In den Gärten* erreicht hatte, wartete sie immer noch. Erst als er zum Hauptbahnhof abbog, rollte sie in ihrem grünen Kleinwagen an ihm vorbei und fuhr Richtung Kurdenviertel. Stephan erreichte den Bahnhof in wenigen Minuten und sah, daß die nächste Verbindung nach Berlin erst in anderthalb Stunden ging. Er wußte nicht, was er tun sollte. Ihm war weder nach Schloßbesichtigung noch nach Bienenzüchterkongreß zumute. In Wahrheit war ihm zum Heulen, aber er konnte schlecht im Celler Bahnhof herumstehen und weinen.

Er dachte daran, einfach in den nächsten Zug zu steigen und loszufahren. Nur weg – egal wohin. Stephan schaute auf die Anzeigetafel und sah, daß der nächste Zug nach Uelzen fuhr. Ihm war eh zum Heulen, da konnte er auch nach Uelzen fahren. Und den Heimattag der Wolhyniendeutschen besuchen. Der Gedanke beflügelte ihn. Wenn schon, denn schon, sagte er sich, stieg in den Zug, schlief während der Fahrt sogar ein und hätte Uelzen beinahe verpaßt.

In Uelzen war er noch nie gewesen. Uelzen klang nach Bombardierung und Wiederaufbau. Es klang so wie das Deutschland, in dem er aufgewachsen war. Das modernisierte Deutschland, das Deutschland der verglasten Hausfassaden und Umgehungsstraßen. Sicher hatte Uelzen eine Umgehungsstraße. Fröstelnd und mit einem bitteren Geschmack im Mund sprang er aus dem Zug und mußte zu seiner Überraschung feststellen, daß der Bahnhof voller Menschen war. Der Uelzener Bahnhof war geradezu überfüllt von herein- und herausströmenden Menschen. Gingen die alle zum Wolhyniertreffen?

Der Menschenstrom riß Stephan mit sich und in eine Unterführung hinein, die sich wie ein Höhlengang vor ihm auftat. Krumme Wände, Nischen, in denen Gras wuchs, auch der Fußboden war krumm, so daß Stephan ins Schwanken geriet. Anscheinend war hier seit dem Krieg nichts mehr gemacht worden. So stellte er sich den Bahnhof von Bryschtsche vor. Falls Bryschtsche überhaupt einen Bahnhof hatte. Zum Glück plagte sein Herz ihn nicht. Sein Herz hatte sich vollkommen friedlich benommen. Selbst als Hermann mit einer Krücke gedroht hatte, war es nicht ins Stolpern geraten.

Stephan verließ den höhlenartigen Tunnel und folgte der Menge ins Innere des Bahnhofs, in dem sich noch mehr Menschen als auf den Bahnsteigen aufhielten. Auch hier waren die Wände krumm, von einigen lief sogar Wasser herab, und überall wucherte Schlinggewächs. Stephan glaubte sogar, das Schreien von Papageien und das Kreischen von Affen zu hören. Und nun begann sein Herz doch heftiger zu schlagen. Er mußte sich zusammennehmen. Sein Herz mußte sich zusammennehmen. Aber es nahm sich nicht zusammen. Stephan begann zu schwitzen. Und zugleich wurde ihm kalt. Die Schlingpflanzen griffen nach ihm, das Wasser schlug ihm ins Gesicht, und die Affen und Papageien kreischten so laut, daß es ihm in den Ohren dröhnte und sein Kopf zu platzen drohte. Er mußte versuchen, aus dem Bahnhof herauszukommen, aber die Menge, in die er immer noch eingekeilt war, wollte gar nicht aus dem Bahnhof heraus, sondern staute sich innerhalb einer Ladenpassage.

Stephan drängte sich durch die Menschen und flüchtete sich in eines der Geschäfte, wo es Nüsse, Honig sowie Korbwaren und Souvenirs zu kaufen gab. Stephan beruhigte sich und atmete durch. Die Nüsse, der Honig und die Korbwaren beruhigten ihn. Er hätte die Verkäuferin gern nach afrikanischem Honig gefragt. Die Verkäuferin war sehr hübsch. Eine hübsche Uelzenerin mit rotblondem, beinahe rotgoldenem Haar, das aber nicht engelsgleich gelockt, sondern zu einem frechen Pferdeschwanz gebunden war. Stephan hätte mit der Verkäuferin augenblicklich ein Leben in Uelzen beginnen können. Er hätte gern mit ihr ein Gespräch über Nüsse und Honig geführt. Statt dessen wandte er sich den Souvenirs und vor allem einer Broschüre zu, die den Titel *Der Hundertwasser-Bahnhof in Uelzen* trug. Jetzt wußte Stephan Bescheid. Er verließ den Laden, die Verkäuferin sah ihm nicht einmal nach, und er begriff, daß es sich bei den vielen Menschen um Touristen handelte, die an einer Führung durch den Bahnhof teilnahmen. Er ging Richtung Ausgang und stellte sich zu einer Gruppe dazu. Eine

Fremdenführerin erklärte vor einer dunkelrot ummauerten Fahrstuhltür das Höhlenprinzip des Fahrstuhleingangs. Während Stephan den Bahnhof verließ, drehte er sich noch einmal um und sah auf einem der Bahnsteige ein geducktes und windschiefes Wartehäuschen mit grasbewachsenem Dach.

Das Wartehäuschen erinnerte ihn an die wolhynischen Erdhütten. Kein Wunder, daß das Wolhyniertreffen in Uelzen stattfand. Der Taxifahrer wußte auch gleich, wohin er zu fahren hatte, und brachte Stephan in die Stadthalle. Es wehten keine Deutschlandfahnen davor. Er sah auch keine in Trachten gekleideten Menschen und keine geschmückten Pferdefuhrwerke, was er fast ein wenig bedauerte. An der Eingangstür der Stadthalle hing lediglich ein Plakat mit dem Programm des Heimattages, der allerdings nicht Heimattag, sondern Heimatkirchentag hieß.

Die Wolhyniendeutschen waren fromme Leute. Seine Eltern waren auch fromme Leute gewesen. Sie standen wie die Bauern in aller Herrgottsfrühe auf und aßen bereits um elf Uhr zu Mittag. Auch auf dem Heimatkirchentag in Uelzen wurde bereits um elf Uhr zu Mittag gegessen. Das traf sich gut. Stephan hatte Hunger. Nach dem Mittagessen spielte laut Programm der Posaunenchor *Kein schöner Land, Lobe den Herren* und das *Wolhynierlied*. Die ersten beiden Lieder kannte Stephan, das Wolhynierlied allerdings nicht. Er würde es nicht mitsingen. Er würde überhaupt nicht mitsingen.

Stephan betrat das Foyer und roch sogleich das Mittagessen, das gerade ausgegeben wurde. Hühnerfrikassee. Selbstbedienung. Neben der Essensausgabe war ein Stand mit Schriften über Wolhynien. Auch akademische Arbeiten waren darunter. Eine war eine Doktorarbeit mit dem Titel *Das Stereotyp des wolhyniendeutschen Umsiedlers*. Stephan blätterte in dem Buch. Seiner Meinung nach war der wolhyniendeutsche Umsiedler ein Mensch wie sein Vater gewesen. Einarmig und grob zu Hunden. Das war sein Stereotyp des wolhyniendeutschen Umsiedlers. Die Frau hinter dem Stand wollte Stephan eine Anstecknadel verkaufen. Das Buch, in dem er blätterte, war nur ein Ansichtsexemplar. Aber Anstecknadeln konnte man kaufen. Es waren rote Schildchen mit einem silberfarbenen Kreuz darauf, das nach Templerorden und Kreuzzug aussah. Stephan kaufte gleich zwei Anstecknadeln, um in Ruhe weiter in dem Buch blättern zu können. Dem Buch zufolge galt der Wolhyniendeutsche als ein eher zögerlicher und vorsichtiger Mensch, der seine Kinder Buchulken nannte und über den man sagte: Er mißt zehnmal, ehe er einmal abschneidet. Außerdem galt er als ein Mensch, der zwar geburtenfreudig war, aber zugleich zur Schwermut neigte, was sicherlich mit den Erdhütten zusammenhing. Auch Stephan neigte zur Schwermut. Und Hunger hatte er auch. Er legte das Buch zurück, ließ sich eine Portion von dem preiswerten Hühnerfrikassee geben und setzte sich zum Essen in den Veranstaltungssaal in eine der hinteren Reihen.

Der Saal war allenfalls zu einem Drittel gefüllt, die meisten Teilnehmer des Treffens waren alt, was Stephan nicht wunderte. Immerhin waren seit Kriegsende fast sechzig Jahre vergangen. Es war eher ein Wunder, daß dieses Treffen überhaupt noch stattfand. Auf den Tischen standen Schilder mit wolhynischen Ortsnamen, um die sich die einzelnen jeweils gruppiert hatten. Stephan konnte von seinem Platz aus die Namen Michailowka und Alt Werchy lesen. Bryszcze oder Bryschtsche las er nicht. Vielleicht hatte es Bryschtsche ja auch gar nicht gegeben, vielleicht war Bryschtsche nur eine Erfindung. Irgendeine Herkunft muß der Mensch schließlich haben.

Es war still im Saal. Der Wolhyniendeutsche war nicht nur ein vorsichtiger Mensch, der zehnmal maß, bevor er einmal abschnitt. Er war auch ein stiller Mensch, der sein Hühnerfrikassee mit Demut aß. Unterhalb der Bühne, auf der wahrscheinlich der Posaunenchor spielen würde, standen zwei Tische und ein Rednerpult mit Mikrophon. An den Tischen saßen die Organisatoren der Veranstaltung, wozu auch ein evangelischer Pfarrer gehörte. Einer der Organisatoren, die ebenfalls gerade ihr Essen zu sich nahmen, stand irgendwann auf, ging ans Pult und wünschte allen Anwesenden guten Appetit und gute Gespräche. Dann wies er darauf hin, daß in einem Nebenraum des Saals das Kuchenbüffet mit Apfel- und Pflaumenkuchen sowie mit Kaffee oder Tee eröffnet worden sei. Das freute Stephan. Er würde zum Nachtisch einen Pflaumenkuchen

essen und Kaffee dazu trinken. Beides würde seine
Schwermut mindern, die sich nun mit der Schwermut
von vielleicht sechzig oder siebzig alten und zum Teil
auch greisenhaften Wolhyniendeutschen vermischte.
Während Stephan den Rest des Frikassees mit der Gabel zusammenkratzte, ging der Mann von vorhin, der
nun ebenfalls aufgegessen hatte, noch einmal ans Mikrophon und sagte, daß er jederzeit Suchmeldungen
entgegennehmen würde. Stephan wußte Bescheid. Mit
Suchmeldungen kannte er sich aus. Eine Suchmeldung
brauchte er nicht aufzugeben. Der Suchantrag lief ja
noch. *Gesucht wird aus Remki, Kreis Gostynin* ... Ein
Schild mit dem Namen Remki sah er auf keinem der
Tische. Aber das wäre ja auch gar nicht möglich gewesen. Remki war schließlich im Wartheland. Wenn
es denn im Wartheland war. Bei Anatolien, wo immer
Anatolien lag. In der Türkei jedenfalls nicht. Das wäre
ja noch schöner. Vielleicht gab es auch einen Heimatkirchentag der Warthelanddeutschen. Da würde er
aber nicht hingehen. Ein Heimatkirchentag reichte.
Stephan brauchte unbedingt einen Pflaumenkuchen.
Sein Magen schmerzte, trotz des milden und fast salz-
losen Hühnerfrikassees. Er stand auf und ging durch
den Saal Richtung Kuchenbüffet, vorbei an den Tischen mit den Ortsnamen. Michailowka und Alt Werchy hatte er schon von weitem gesehen. Jetzt sah er
auch Gliniszcze und Uzowa, wo jeweils drei, vier Leute
saßen und sich unterhielten. Und dann sah er Bryschtsche. In Originalschreibweise: Bryszcze. Kurz vor

dem Kuchenbüffet. Schwarz auf weiß, mit Filzstift auf einen gefalteten Karton geschrieben. Allerdings saß hier niemand. Vielleicht waren die Einwohner von Bryschtsche auf die Toilette gegangen. Alte Leute gingen oft auf die Toilette. Oder sie waren am Kuchenbüffet. Stephan ging ebenfalls zum Kuchenbüffet, wo er der einzige Kunde war und sich einen Pflaumenkuchen und einen Kaffee geben ließ. Am Bryschtsche-Tisch war noch immer niemand. Bryschtsche hatte abgesagt. Oder die Anreise nicht überlebt. Oder war im Bahnhof von Uelzen verschollen. Stephan sollte sich an den Tisch setzen. Er war der Mann aus Bryschtsche. Doch er zögerte. Auch Stephan war jemand, der zehnmal maß, bevor er einmal abschnitt. Wenn überhaupt. Dann ging er zu seinem alten Platz zurück, widmete sich seinem Kuchen, trank den Kaffee und behielt den Tisch mit dem Bryszcze-Schild im Blick.
Inzwischen hatte sich der Posaunenchor aufgebaut und *Kein schöner Land* angestimmt. Einige der Alten sangen mit, zum Teil mit Pflaumenkuchen im Mund. Oder Apfelkuchen. Stephan sang nicht und behielt den Tisch im Blick. Der Tisch blieb verwaist. Der Posaunenchor dankte für den Beifall und stimmte das *Wolhynierlied* an, dessen Text zum Gotterbarmen war: *Angespannt und schwer beladen stand der Wagen vor der Tür. Manche Sachen, o wie schade, blieben hier noch liegen mir.* Der Wolhynier mußte nicht nur Flucht, Zwangsumsiedlung und Vertreibung ertragen, dachte Stephan, sondern auch das Wolhynierlied. Zu-

mal auch der Posaunenchor unter seinen Möglichkeiten blieb. Geradezu triumphal dagegen das abschließende *Lobe den Herren*, das selbst die Wölfe in den wolhynischen Wäldern hätte andächtig lauschen lassen. Und Stephan kam es als ein fast göttliches Zeichen vor, daß ausgerechnet in dem Moment, da der Posaunenchor bei der Zeile *Lobe den Herren, der künstlich und fein dich bereitet* angekommen war, eine junge Frau durch die Saaltür kam, sich suchend umschaute und dann an den Bryschtsche-Tisch setzte. Stephan hatte gleich gesehen, daß es sich um eine wolhynische Schönheit handelte, die ihn mit dem brünetten Haar und den graugrünen Augen an Waltraut und Helen zugleich erinnerte. Es fehlte nicht viel, und er hätte doch noch zu singen begonnen. *Lobe den Herren. Lob ihn in Ewigkeit. Amen.* Statt dessen starrte er auf die junge Frau und überlegte, ob er sich zu ihr setzen sollte. Bryschtsches Zukunft, dachte Stephan. Bryschtsche lebte weiter. Er tat es nicht, aber er bedauerte, daß er keine verlorene Schwester hatte. Eine verlorene kleine Schwester. Oder besser noch eine verlorene Nichte. Er würde umgehend einen weiteren Suchantrag stellen.

Der Posaunenchor trat ab, und nach den Grußworten des Landrats und des Bürgermeisters kündigte ein Vertriebenenvertreter seine Rede an. Die Hauptrede des Tages. Von der späteren Andacht einmal abgesehen. Stephan wollte die Rede nicht hören. Er hatte Sehnsucht nach Helen. Er wollte so schnell wie möglich zurück nach Berlin. Zumal er beobachten mußte, wie der Mann mit der Kochmütze, der das Frikassee ausgegeben hatte, mit einer Geldkassette in der Hand durch den Saal ging, ein paar Worte mit der wolhynischen Schönheit redete und ihr die Kassette übergab. Sie war also gar keine wolhynische Schönheit gewesen, sondern die Frau vom Catering Service oder der Caritas oder dem Städtischen Krankenhaus. Wer immer das Frikassee gekocht und geliefert haben mochte.

Noch bevor die Frau mit der Kassette in der Hand den Saal verließ, ging Stephan hinaus, ließ sich auch von der Frau mit den Anstecknadeln nicht mehr aufhalten, die im Foyer noch immer auf Kundschaft lauerte, und machte sich auf den Weg zum Bahnhof.

Der Regionalzug nach Hannover stand bereits auf dem Bahnsteig. Die knapp einstündige Fahrt gehörte zu den schwermütigsten seines Lebens. Dabei war ja gar nichts vorgefallen. Ein Posaunenchor war unter seinen Möglichkeiten geblieben. Und er hatte salzarmes Hühnerfrikassee gegessen. Schonkost. Die Schonkost war ihm nicht bekommen. Der Pflaumenkuchen möglicherweise auch nicht.

Im Intercity nach Berlin begnügte er sich mit einer Flasche Wasser und einer überregionalen Tageszeitung. Mehr brauchte er nicht. Es ging ihm gleich besser. Auch die sonst so hassenswerten Mobiltelefonierer taten ihm gut. In Wolhynien hatte es keine Mobiltelefone gegeben. Sein eigenes hatte er nicht dabei, weil es ihm peinlich war, im Zug zu telefonieren. Ihm war es auch peinlich, wenn andere im Zug telefonierten. Er schämte sich für die Telefonierer. Jetzt tat ihm das laute Gerede gut. Zehn Minuten Bahnfahrt im Intercity, und es gab nur noch eine klingelnde, schwatzende und nervtötende Gegenwart. Alle Melancholie war weg. Alles war erfüllt von hassenswerten wichtigtuerischen jüngeren und nicht mehr jungen Männern in dunklen Anzügen, mit Boss-Socken an den Füßen und Repigmentierungsshampoo im Haar. Zehn Minuten Intercity Hannover–Berlin, und der ganze Geschichts- und Vergangenheitsspuk war wie ausgelöscht. Und an die Stelle von Stephans weltferner Wolhynienschwermut trat der ganz normale Gegenwartshaß auf die telefonierenden Idioten um ihn herum.

Dank den Idioten! Sie vertrieben die Schwermut und steigerten seine Abwehrkräfte. Auf der Höhe von Braunschweig war Stephan nur noch Abwehrkraft. Der Handyzerbeißer. Der Managerzerfleischer. Der Boss-Socken-Zerreißer. Als er im Bahnhof Zoo den Zug verließ, hatte er ein Blutbad hinterlassen. Lauter tote Telefonierer lagen im Zug herum. Mit ausgerenkten Kiefern und aufgerissenen Mündern, in denen jeweils ein Mobiltelefon steckte. Selbst als Stephan in Steglitz angekommen war, kochte er noch vor sich hin. Aber er kochte sozusagen gut. Er fühlte sich stark. Und eine Stimme in ihm sagte wieder und wieder: Keine Vergangenheit!

Nach der Ankunft war er nicht in seine Dachwohnung gegangen, sondern direkt nach Hause gefahren, wo

Helen bereits auf ihn wartete. Sie war neugierig und wollte alles wissen. Doch auf ihre Fragen sagte er nur, daß er Hermann nicht angetroffen habe. Vielleicht gebe es ihn gar nicht. »Und der Mann am Telefon?« fragte Helen. »Was weiß ich, irgendein Stäub, nicht so wichtig, aber bestimmt nicht mein Bruder«, sagte Stephan, legte seinen Arm um Helens Hüfte, zog sie an sich, küßte sie und versuchte sie zugleich Richtung Schlafzimmer zu dirigieren. Helen ließ es sich gefallen, allerdings nur bis zur Schlafzimmertür. Dann sagte sie, daß sie noch einen Termin habe. In der Praxis. Einen Samstagstermin. So leid es ihr tue. Und daß sie ihm etwas zeigen wolle. Ebenfalls in der Praxis. Er sagte: »In Ordnung, fahren wir hin.« Ihm war alles recht. Er liebte seine Frau, und er liebte auch seine Töchter. Wo waren die eigentlich? Aber das war jetzt nicht so wichtig. Dann fragte er sie aber doch, und Helen sagte nur: »Bei Sebastian. Beide.« Sebastian interessierte ihn jetzt nicht. Seine Töchter auch nicht. Helen war wichtig, und er war neugierig darauf, was sie ihm zeigen wollte.

Als sie in der Praxis angekommen waren, wußte er es: Helen hatte sich die beiden Seidenteppiche gekauft. Den einen für das Wartezimmer. Den anderen für den Behandlungsraum. Ihre Patienten trugen ohnehin japanische Stoffschuhe oder Espadrilles in den Räumen. Das hatte sie so mit ihnen vereinbart, und alle hielten sich daran. Die meisten taten es sogar gern. Die Teppiche waren märchenhaft. Geknüpft aus Srinagar-Seide. Seit Helen sie in einem Charlottenburger Geschäft gesehen hatte, das ausschließlich mit alten Teppichen handelte, hatte sie von den Teppichen geschwärmt. Stephan wußte auch, was sie kosteten: neuntausendfünfhundert Euro. Jeder von ihnen. Sie seien ja auch nicht allzu groß, hatte der Verkäufer gesagt. Darum der günstige Preis. Helen war glücklich über die Teppiche. Sie würde nun noch einmal so gern in ihrer Praxis arbeiten, sagte sie ihm. Aber Stephan erwiderte, daß sie nichts erklären müsse. Es sei vollkommen in Ordnung. Lächerliche neuntausendfünfhundert. Läppische neunzehntausend. Dann hatten sie beide gelacht und sich wieder geküßt, und sie waren sogar in den Behandlungsraum gegangen und hatten sich auf Helens Couch gelegt.

Das war bisher noch nie vorgekommen. Die Couch war immer heilig gewesen. Ein geweihter Bezirk. Stephan fand es erregend, mit seiner Frau auf dieser Couch zu liegen. Irgendwie verboten. Aber dafür war man ja verheiratet, daß man mit seiner Frau Verbotenes tat. Und auch Helen schien es zu gefallen, die im Liegen begonnen hatte, sich auszuziehen, wobei Stephan sah, daß sie sich anscheinend auch neue Unterwäsche angeschafft hatte. Helen trug Schwarz, was Stephan beinahe erröten ließ. Normalerweise trug sie Weiß oder sportliches Hellblau. Leider klingelte es genau in dem Moment an der Haustür, als Helen ihren Büstenhalter auf dem Sessel hinter der Couch abgelegt hatte. Stephan war dann gegangen, noch bevor die Patientin vor der Praxistür stand, und Helen hatte ihn mit einem vielversprechenden »Bis nachher« und einem langen Kuß entlassen.

Er ging jetzt nicht nach Hause. Er ging in seine Dachwohnung, um die Sportsachen zu holen und ein wenig am Kanal entlangzutraben. Das war das Beste, was er jetzt tun konnte. Traben. Laufen. Rennen. In die Abendsonne hinein. Und sich auf Helen freuen. Er nahm sich den gleichen Weg vor wie immer. Zuerst auf den Uferweg, dann vorbei am Hubschrauberlandeplatz und der Bäkebrücke, bis zum Lilienthaldenkmal und wieder zurück. Das Traben fiel ihm leicht, sein Herz schlug regelmäßig, und ohne daß er es besonders spürte. Es waren die üblichen Leute unterwegs, Spaziergänger, Jogger und auch einige, die mit Hilfe von Skistöcken ihre Runden drehten. Sollen sie doch, dachte Stephan, der die ruhige Abendstimmung genoß. Auch der Rettungshubschrauber, der auf dem Landeplatz vor dem Hangar stand, machte einen gelassenen Eindruck. Auf der Brücke hielt Stephan, um am Geländer ein paar Dehnübungen zu machen. Das Wasser war schwarz wie immer.

Er lief weiter bis zum Denkmal, wo drei Halbwüchsige rauchend und mit Bierflaschen in der Hand herumsaßen, so daß er sich nicht länger dort aufhielt, das Denkmal nur einmal umkreiste, kurz hinaufsah zu dem geflügelten Knaben und sich geradezu knabenhaft leicht wieder auf den Rückweg machte. Auf der Brücke hielt er jetzt nicht mehr. Er wollte lieber in den blauen Himmel sehen statt auf das Wasser. Und er wollte auch nicht daran denken, ob Sebastian vielleicht etwas mit den Teppichen zu tun hatte. Oder mit Helens neuer Unterwäsche.

Die Gedanken waren fürchterlich. Stephan wußte es. Aber er konnte nichts dagegen machen. Ebensowenig dagegen, daß er einen Eichelhäher sah, der auf dem Uferweg eine tote Maus gefunden hatte und diese im Schnabel hielt, aufflog, sich auf einen Ast setzte, die Maus zwischen die Krallen nahm und auf das Tier einhackte. Stephan blieb eine Zeitlang stehen, um die Szene zu beobachten. Er mochte Vögel. Aber Mäuse auch. Ihm wurde ein wenig übel. Daran war Sebastian schuld. Oder der Eichelhäher. Er lief jetzt langsamer weiter und nahm sich vor, nur noch bis zum Hubschrauber zu traben und den Rest der Strecke zu gehen. Und dabei tief und ruhig zu atmen.

Den Hubschrauber erreichte er auch. Dann aber stolperte sein Herz auf eine Weise, wie es noch nie gestolpert war. Es stolperte nicht, es stürzte. Und Stephan stürzte mit ihm, und es zerriß ihn fast dabei. So viel Angst wie bei diesem Sturz hatte er noch nie gehabt. Und so viel kalten Schweiß verloren. Er konnte sich noch dabei zuhören, wie er auf den Boden krachte und mit der Stirn auf den Schottersteinen aufschlug. Bewegen konnte er sich nicht mehr. Aber spüren, wie ihn jemand auf die Seite drehte und ein paar Steinchen von der Stirn pflückte, die sich in die Haut gedrückt hatten. Dann schloß er die Augen. Sobald er sie wieder öffnete, wurde ihm schlecht. Also schloß er sie wieder.

Er hörte, wie jemand telefonierte. Die Idioten telefonieren wieder, dachte Stephan. Dann hörte er längere Zeit nur noch fernes Stimmengemurmel, bis endlich ein Wagen heranrollte und er auf eine Trage gehoben und in den Wagen geschoben wurde.

Es war doch ein Wagen? Stephan war sich nicht sicher. Der Wagen machte einen Riesenlärm, und überall wirbelte Staub auf. Stephan hörte Motorengeräusch, das lauter und immer lauter wurde. Die Stare kreischten. Die Schwäne im Ufergras hoben die Köpfe und öffneten ihre Flügel. Und Stephan rollte. Erst langsam und dann immer schneller. Doch irgendwann rollte er nicht mehr, sondern stieg auf. Stephan hob ab. Stephan hob ab wie ein Schwan, stieg auf wie der geflügelte Knabe. Er sah den Uferweg. Er sah den Kanal. Am anderen Ufer stand Hermann, hob seine Krücke und winkte ihm zu. Er drohte ihm nicht, sondern winkte ihm zu. Die Uferplatanen rauschten, Stephan spürte den Wind in den Haaren und dann einen Luftstrom zwischen den Schultern. Er flog, er war sich ganz sicher. Er flog den Menschenflug.